‖ 시인의 마을 시인선 32 ‖

지우 서금자 시집

숨결, 바람꽃으로 피다

내 푸석한 편린들을 담아봅니다
기쁨이 크면 눈물이 된다지요
고마운 숨결에서 나를 여밉니다

남은 세월 그를 사랑하고 싶습니다
꽃과 나무와 하늘 그리고 나

– 〈시인의 말에서〉 –

도서출판 한글

‖ 시인의 마을 시인선 32 ‖

숨결, 바람꽃으로 피다

2018년 5월 25일 1판 1쇄 인쇄
2018년 6월   1일 1판 1쇄 발행

지 은 이 서 금 자
펴 낸 이 심 혁 창
편집위원 이영규 원응순 김봉겸
마 케 팅 정 기 영

펴낸곳 **도서출판 한글**
서울특별시 서대문구 신촌로 27길 4호
☎ 02) 363-0301 / FAX 02) 362-8635
E-mail : simsazang@hanmail.net
등록 1980. 2. 20 제312-1980-000009

GOD BLESS YOU

정가 11,000원

ISBN 97889-7073-548-1-03130

◉ 이 시집은 도서출판 한글이 기획한
  '2018 우수작가 창작지원금 수혜 선정도서'입니다.

시인의 말

내 푸석한 편린들을 담아봅니다
기쁨이 크면 눈물이 된다지요
고마운 숨결에서 나를 여밉니다

남은 세월 그를 사랑하고 싶습니다
꽃과 나무와 하늘 그리고 나

2018년 4월 봄날에
지우서재[知祐軒]에서 서금자 쓰다.

목 차

제1부

발자국, 선명한 꽃말로 피다

한 치 앞 발자국은 없다
잡을 수 없는 수평선
내 발자국은 나를 앞설 줄 모른다
앞으로 걸으면 뒤에서
뒤로 걸으면 앞에 찍히긴 하지만

발자국엔
숨겨진 답을 찾던 물음표가 있고
내 울음이 용서한 감탄사도 있다
몸살처럼 끈적한 목소리
끝내고 싶던 간절한 마침표
삶의 순간순간이 고인 앙가슴이다

펼쳐 놓으면 길고 긴 자서전
먼 길 걸어와
지금 또 걸어갈 길
내 푸른 봄 익힌 새로 난 길에
적막을 밝히는 달맞이꽃
선명한 꽃말로 피워야겠다.

달빛 한 줄로

달빛 한 줄로 오시면 좋겠습니다
별빛 한 줌이어도 좋겠습니다

능소화 담장에 우려낸
꽃 색보다 더 달달한 달주
꽃무릇 조곤조곤 속삭임으로 삭인 별주
내 어쭙잖은 술 실력이지만
마당 가득 취하고 싶습니다

능선 저만치에
나를 밀어낸 시간들 불러와
넋두리로 읊으면 간 배인 안주가 되겠지요
으스름 달빛에 양귀비가 황송하게 붉어 갑니다
달빛이 거미줄처럼 늘어납니다
끈끈한 그 줄로
우리들의 가을 이야기를 묶어 놓겠습니다

등대, 한 번도 앉지 못하고

- 울기 등대

안개서린 저 노래는
솔향을 말아 지었을까
많은 날 중 흐린 날을 풀어
'뿌—우' 아이들 부르고
은하수 모아 빚은 별
거미줄로 늘여 밤바다에 푼다

우주도 안을 우리네 어머니처럼
망부석 된 박제상 부인처럼
울산 끝자락 '울기蔚埼'에서 한 세기를 버티어
밀어낸 시간에도 밀려드는 시간에도
그대는 일편단심으로 섰다

대왕암 물빛 다듬는 손길 더 눈부시고
비파음 아련한 슬도는 푸르게 깨어난다
바람은 날갯짓마다 꿈을 실어 나르고

한 잠 눈도 못 붙이고

소리로 키우는 꿈
바다 향한 끝없는 기도로
먼 길 나간 자식들 지키고 선 그대는
우리들의 어머니다 방어진의 여신이다.

보름간의 사랑

몰래 들어왔구나, 한밤중에
어떻게 알았을까 문 열고 기다린 걸
지나가던 바람이 발을 헛디뎌
빛 한 줄기 찾아 들어온 곳

밤새 어깨와 목을 무던히도 만져대더니
아침부터 몸피조차 무겁다
모른 척하고 잠든 내가
얄미웠던지
끝내 외면해 버린 내가
야속했던지
깊은 몸살로 찾아왔구나

그 대신 한 보름만 함께 하자
죄 값이라도 그 이상은 곤란해
깊이 빠지면 아무 일도 못하거든
모자란다 싶을 때
목마름은 최대치가 되거든

그동안은 쌍화탕에 생강차에 후히 대접할게
내가 저지른 홀대를 반성하며
이불 덮어 다독여 줄게
그러고는
40도의 불타는 사랑도 졸라 볼게
그 대신 조건이 있어
짧게, 화끈하게

너도 또 다른 사랑 기다릴 테니
그땐 미련 없이 '잘 가라' 손 흔들어 주기다
작별할 땐 깨알 같은 미련도 남지 않게

첫 경험

선혈이 낭자하다
여린 살 그 연분홍 두 번이나 겪었다
하얀 약솜 붉은 피 몇 번이나 적셔낸 첫날밤 지나
뺨 포동포동 새악시 되었다

두려운 첫 경험
슬밋슬밋 의사선생님께 여쭸더니
첫날밤은 뜨거운 게 정답이라고
내일은 그 사랑 목을 애무할 거라고
부둥켜안고 즐기는 게 해답이란다
뜨거워도 고통이 되는 걸 처음 알았다

다시 내일이 된 오늘
의사 선생님 말씀처럼
목 타고 내리는 그대의 애무
통실통실 이중 턱이 되었다

그대

내 연인 맞는지 몰라
더 멋진 그대가 있을지도 몰라
아무래도 너무 쉽게   허락한 건 아닐까

살아도 살아도
다 알지 못할 세상
그대와 한몸살이 하면서
잇샄 고운 입매로
치열이 고른 노래를 부를 수 있다면
이름도 세련된 '임플란트' 그대와

성장통痛

어둠에도 사지가 달렸는지
지난 밤은 몹시도 욱신거렸다
내 우거지상을 보고 손녀가 물었다
할머니 어디가 아프세요?
무릎이 아프단다
할머니도 성장통이 왔나 봐요
저번에 내가 아팠던 것

다 큰 할머니도 성장통을 앓아요
그래
우리 할머니 이제 다시 키 많이 커겠다
할머니는 우주만큼 가슴이 커지고 싶단다
날개 접힌 비행기도 날리고
구멍난 돛단배도 띄우고
흐린 날도 맑은 날도 다 품고 싶단다

앓으면서 알았구나
정말로 사랑하려면
아픈 것보다 더 지독히 앓아야 한다는 것을

숨결

- 이중섭 100년의 신화 미술전시회를 관람하고

엽서, 작은 네모 속 우주
메마른 어둠도 물 머금은 빛이 되었다
그리움 마르지 못한 사연은
40년 아니, 4천년을 피 돌게 한다

신화가 된 묵언 속 은화 묵화들
40년을 묻어 보관한 아내 '남덕'
그 대목에서 민망하게 나는 두근거렸다
감히 내 지난날을 들추다니
내 삶의 한 모퉁이가 바르르 떨려온다
나에게도 일백통의 연서가 숨어 있는데
그가 떠난 지금도 장롱 어디에선가
반세기 넘는 역사가 접혀 있는데

'너를 숨 쉬고 나를 숨 쉬고
태양보다 더 뜨겁게 잎보다 더 파랗게'
중섭의 독백처럼
출렁이는 숨결이 살아있는
돌아오지 않는 강을 넘어
언제나 넘실거리는 내 사람의 강을
함께 숨 쉬어 보았다.

침針을 곧추세우며

세상을 박음질하고 있다
초침소리 바쁜
내 방 벽시계
바퀴도 없는데 술술 세월을 돌리고 있다

긴 시간, 한 방향의 몸짓들
지치지 않는 노동
저들은 침針을 곧추세우며
남모르는 단합을 했을까
세너 구호는 뻔하다
잡고 싶고 버리고 싶은 세월은
미련 없이 흘려버리라고
그래야 새로운 시간 만들어진다고

시계를 잠재울 순 없다
이제부터 세상은
나의 째깍거림으로 채워야 한다.

초승달, 그 여백에

공원길 너머로 낯익은 초승달이 보인다
"서서 초승달을 보면 그 달 할 일이 바쁘다"
어머니 옛 말씀이 동그라미를 그린다

덜 채워진 초승달 동그라미
그 여백 내가 채우라는 뜻이었을까

초승 상현 보름 하현 그믐
달처럼 반복되는 내 종종걸음
반달눈썹 초승달입술 그려 넣어
온쉼표 값, 네 박자로 웃어본다
어설픈 웃음도 쏟아내니 행복하다
날 보고 달이 따라 웃는다

'이제 진득한 느린 걸음도 배워라
온음표에 온쉼표 더러더러 덮어쓰기도 하여라'
하늘빛 가득한 어머니
노각나무 꽃말1)로 하얗게 웃고 계신다.

---

1) 노각나무 꽃말 :견고. 정의

얼음은 참선을 풀고

호수공원 산책길은
느린 걸음으로 봄빛을 풀어 놓는다
좀체 허물어 본 적 없던 얼음들
아지랑이로 참선을 풀고 있다
개나리 울타리 주변
분수대의 숨결로 바람을 적시며
겨우내 키워 온 근육
통째 허물고 있다

빛 한 줄기도 걸음하지 않던 날
단단해져야 살 수 있다고
차돌처럼 다잡았는데
여려야 꽃이 된다는 걸
비워야 품을 수 있다는 걸
오늘, 허물어진 후에야 알았다

갇혀 있던 시간들
세상일 모르는 척
한눈팔지 않은 까닭은

봄날을 맞기 위해서였지
산새들, 비켜간 빛 불러와
결코 울지 않고 노래해야만 하는
생의 봄날을 맞기 위해서였지

생강차를 마신다

나를 사랑하는 시간
알싸한 한 모금 머금으면
저 만큼 밀려난 지난 일들이
생강스럽게 살아난다

우리 국민 행복지수가
OECD 국가 중 하위란다
자살 수치는 최상위란다
행복은 여유가 만들어내는 것
여유는 마음이 우려내는 것

내가 만든 쓴 알갱이들
입자마다 부드럽게 저어서
오늘도 뜨거운 차를 마신다
덧없던 시간도 쓰다듬다 보면
빈 찻잔, 단맛으로 채워질 것 같아
되도록 천천히 차를 마시며
나를 사랑하는 시간을 벌고 있다
세월에 곱게 젖는 법 우려내고 있다.

귀하디 귀한

소녀 적 일 상처 없이 캐내는 일
녹슬지 않을 여명 간직하는 일
석양 노을 서럽지 않게 지우는 일
투명한 마음그릇 마련하는 일
누워서도 날 수 있는 내가 되어 보는 일
시를 쓴다는 건

입다, 벗어두었던 나

뱃심 졸아들수록 겉은 부풀린 복어
꽁지깃 펼친 공작이어야 했습니다
입술은 새빨갛게 옷은 화려하게
내 안의 또 한 사람,
두 몫으로 살아야 된다고
생존의 지혜를 애써 배웠습니다
그런 날, 혼자의 시간에는
나 아닌 시간만큼 진짜 나로서 서러웠고
강산은 더딘 강물로 흘렀습니다

이제, 참 나를 찾으려 합니다
덧칠한 세월을 지우려
주눅 들었던 말본새도 조근조근 다독이며
긴 호흡으로 나지막이 나를 불러봅니다
언제나 민낯에 수수한 차림새였던
작아도 기죽지 않고 시골티 나도
부끄럽지 않던
이웃마음들 쉽게 오고 갔던
어딘가에 있을 나를 찾아야 합니다

한동안 벗어 두었던 날 찾아 입으면
간힌 숨 헐렁하게 풀어지겠습니다
진짜 내 웃음 한껏 쏟아지겠습니다.

제2부

새해 아침

– 한결같음

여전히 수평선 위에서 사랑하고 있다
한 번도 떨어져 본 적 없는 바다와 하늘
좀처럼 바뀌지 않는 한결같은 사랑법

뜨거운 그들은 수평선을 빌려 매일 붉은 옥동자를
낳고
'태양'이란 이름도 늘 그대로다

반복되는 진통 저 끝없는 선혈
나날이 안아도 지겹지 않은 까닭은
아팠던 만큼 태양빛이 더 곱기 때문이다

첫 아이를 낳을 때 빛이 보이지 않던 진통
남편 신발조차 던져 버리고 싶지 않았던가
아이가 자라면서
꼬물꼬물 재롱이 기적의 선물이 될 때
진통쯤은 까맣게 잊고
태양을 낳았고 그리고 또…

아픔 없인 기쁨을 낳을 수 없고
붉은 알을 깰 수 없다
새해 아침
또 고마운 태양
아껴둔 선물 포장을 뜯는 마음이 이렇지

'한결같음'
불편한 그 진리는
우리들의 우주를 매일 새롭게 태어나게 하는
빛이고 태반이다.

민망하다, 첫눈

하얀 도화지 끝없이 펼쳐놓는다
서울 가는 ktx 차창 밖에다
마음 붓 정갈하게 그림을 그린다

프리즘에 반사되는 색 모아
붓 끝에 찍힌 색은 설렘 가득한 분홍
먼저 폭 넓은 치마 입히고
볼터치 곱게 하고 날개옷을 입힌다
소녀는 눈밭 첫 발자국에 분홍물이 들었다

가을 여름 거슬러
저만큼 에돌아가면
한 나절도 모자라는 파노라마가 있다
들키고 싶지 않은 그대와의 봄
떨리는 손 맞잡고 오솔길을 걷는다
피날레 탐스런 축폭
'분홍' 돌림건배주로
취기는 알싸한 용기가 되고
'다 하지 못한 말, 다 할 수 없는 말'

묵혀 둔 첫눈 안부가
휴대폰을 잡는데

차창 밖 도화지에서 잠시 눈을 거두어 보니
지금은 막내딸 이사 도우러 가는 길
'첫눈 설렘'
민망한 어미가 차창에 비칠거린다.

꽃 사월 그 길

여름 꽃처럼 화려한 길과
겨울 이파리 메마른 길
갈피잡기 어려운
두 갈래 길이 있었습니다
밤새워 내린 나의 선택은
이파리 메마른 겨울길
나, 꽃 되기 위해

한 번씩은 길을 잃었고
심심찮게 접질리기도 했던 날
길은 길로 통한다는 말이
몸속에 길을 내었습니다
솔 향 흠뻑 묻힌 꽃이 되었습니다

소월 시詩가 만발한
사월 그 길에서
나는 소월이 되었다가
앞서 길 떠난 님을 추억하다가
끝내 '죽어도 아니 눈물 흘리오리다'만

반복합니다
그 길에 행여 다시 봄 오면
그때 나는 진정 죽어도 눈물 흘리지 않겠습니다.

그 여름이 지고 있다

도돌이표 뉴스
오늘도 열대야를 앓는다
팔월 스무날 늦은 오후
재바른 바람을 앞세워
이른 가을맞이를 나선다

둘레길은
조약돌의 수다로 해변을 말아 접고
스며드는 건들바람 한 줄기에
그 여름이 지고 있다
나의 여름이 지고 있다

기별 이른 가을바람에
수평선은 경계를 잃고
노을빛으로 허물어지고 있는데
다시 쓰여질 가을
때늦은 청춘이
잠자리 날개로 일렁이고 있는데

구월 들녘에 서다

구월 들녘
뜨겁고 모진 고개를 넘었다
이제, 몸의 일부였던 이삭들
익어가는 법을 배우고 있다
바람기 무성한 사춘기 지나
살아온 세월처럼 누릿하게 철들고 있다
스스로 고개를 숙인다는 건
힘든 독백의 날을 건넜다는 것
그 날들 결코 가볍게 채울 순 없기에
낯선 유혹도 뿌리쳐야 한다
바람도 함부로 건드리지 못하고
풀벌레도 장난기로 대하지 못한다
보내는 여름도 맞는 가을도
마냥 고맙다 반갑다며
따뜻한 품 기꺼이 내어 주는 그대는
이삭마다에 매단 소망 같은 가을
약속처럼 꿈꾸어도 좋겠다.

깊었던 열대야만큼

처서를 지난 가을비엔
넘치도록 젊은 여름이
낱낱이 영글어 있다
열대야가 깊었던 만큼
우리들의 숨결은 가빠
이파리마다 사각사각
바람이 울었다

문득 무지개 사랑을 탐해 봅니다
가을비가 붓끝 고르게 쓴 글씨

빨강, 그 색깔대로 사랑하고
주황, 가끔은 손톱만한 아쉬움도 만들며
노랑, 아기 마음으로 포근히 안아도 보고
초록, 아무도 모를 우리들만의 쉼터도 만들며
파랑, 덜 채운 내일을 창창한 하늘로 꿈꾸어도 보고
남색, 마음 조용히 내려 뒤돌아도 보며
보라, 내일은 우리 신비로운 날이 될 거라고

빨 주 노 초 파 남 보
그 흔한 노래를 흥얼거리며
그 가을
가뭇한 하늘을 이고 잔디에 새겼던
약속 같았던 가을을 불러 봅니다.

달이 아닌 달님께

- 정월 대보름

그 시간을 견디며 닐을 기다렸지요
현실에 지친 모습 아니길 소원하면서
드디어 달이 떴습니다
수탉 홰치는 기운 가득 싣고
달이 내게로 옵니다
생채기 없이 저렇게 벙글벙글 웃고 있으니
참으로 고맙습니다
웃자라는 뿔들 거르지 않고
살뜰히도 보살핍니다
휴일도 모르는 촛불과 태극기에
저 달빛, 뿌옇게 스러질까 걱정입니다

나는 달이 아닌 달님이라 부르기로 합니다
아이처럼 생떼를 써 보려 합니다
촛불과 태극기가 함께 웃게 해 주세요
앉지 못하는 모서리들 편히 앉혀 주세요
흔들리는 오늘은 짧게
꿈꾸는 내일은 길게 해 주세요
한 마음으로 어깨를 겯게 해 주세요

눈빛 고운 이웃 되게 해 주세요
달님은 처음 모습으로
집까지 나를 배웅해 줍니다
바람이 목덜미를 감습니다.

그 봄날

석굴암은 이른 봄을 맞는다
동해는 겨울을 풀고
산새들 재잘재잘 불경을 외고
내일을 비는 걸음에 마사흙길 봄빛을 깔아 놓는다

그 길에서 가뭇한 우리 세월도 햇살로 살아나
한 타에 천원이라 세속 기운 담았다
투정하던 종소리도
오늘은 참 따뜻한 축복이 된다

어머니 참빗 닮은 얼레빗
선물처럼 받아든 손
묵은 강산이 저리도록 눈을 뜨고 있었다
눈 붙은 생명이 모두 눈을 뜨고 있었다.

칠월, 그 길에서

숲은 햇살 언어를 읽고 있다
이파리마다 매단 밀어들
녹색 질펀하게 푼 단내 밴 사연들이다
가을 집은 신혼 색 묻어나게 꾸밀 겁니다
날 빼닮은 예쁜 알맹이들 만들 겁니다
하늘과 손가락 걸며 밤하늘에 꿈 묻으며
한낮 신혼을 즐기고 있다

우리 그런 날 있었지
손 잡히면 생각까지 감전되던 날
밤 하늘 별도 따 주겠다던
그날들 삭여 궂은날 환한 날 선물로 받았지

칠월 숲, 그 길에서 생각해 본다
한낮은 잠깐이었어 아주 잠깐이었어
뭉게구름만 걸쳐 입어도 산수화가 되던 날
젊음 하나만 걸쳐 입어도 꽃이 되었던 날

우리, 지금은 겨울 따윈 생각지 말자
아직은 잎 무성한 그래도 칠월이니까
잎 무성하고픈 오늘이니까.

봄, 스카프처럼 감긴다

호수공원은 봄의 무대다
매화는 햇살 갈피마다 염문을 풀어놓고
오리는 쌍쌍이 대낮을 달군다
시샘이라도 부리는지 바람은
자진모리장단으로 끼어들고
선잠 깬 호수는 물결마다 보석을 매단다

둘레길 둘레둘레
따뜻한 꾸밈말이 스카프처럼 감긴다
봄햇살, 봄뻐꾸기, 봄매화
'봄'자가 붙으면
그저 그런 얼굴도 한 인물 더한다

행여 내 이름 앞에도
황송한 꾸밈말 '봄'하나 붙여질까
환한 그 길에서
두 손 벌려 봄을 모으고 있다.

내 첫 올을 찾아

원고지 칸칸마다
푸른 물 들이고 있다 통영 앞바다
아! 감탄사 겨우 한 자 찍어놓고
나는 청마의 깃발도 파도도 되지 못한다
소설가 박경리는
글을 쓰는 건 무명실 잣듯 삶을 자아내는 일이라 했는데
그 첫 올도 찾지 못한 나, 마음만 바쁘다
파도는 심장의 박동으로 철석이며
바다를 죽지 않게 지켜 내는데
나는 그 누구의 파도도 되지 못하고
누군가가 나의 파도가 되어 주기만 바랐다
이제 높푸른 파도가 되어
내 첫 올을 찾아 무명실 빳빳하게 풀먹여야 한다

그 실타래 술술 풀어
재워둔 내 이야기 깨워야 한다
잠잠히 푸른 물 든 원고지에
노을빛 해원을 향한 깃발 하나
시들지 않는 맥박으로 살려내어야 한다

따뜻하다가 안타깝다가 저릿하다가

어머니 냄새가 납니다
그곳 가을 들녘에 서면
무명수건 두르고 논두렁에서 새떼 쫓던 쉰 소리
후여후여 노래로 살아나고
오빠 냄새도 여음으로 함께 묻어납니다
농약통 무겁게 지고 마스크도 없이 농약 치다
독이 되는 줄도 모르고 막걸리 새참으로 허기를
채우던

지금 그 들녘에 한참을 서 있습니다
벼 이삭이 고개를 꺾어 말을 걸어옵니다
'산천은 의구한데 인걸은 간 데 없네'
오래된 시구를 막 지은 것처럼 들려줍니다
저들도 새 쫓는 총소리에 겁먹고
일 놓은 허수아비만큼이나 옛날이 그리운가 봅니다
지나가는 바람과 맞장구를 치며
고개를 무겁게 끄덕이다가
또 가볍게 살래살래 흔들다가

실개천 둑길에 몸매 좋은 미루나무
풀 먹인 삼베 속옷 자맥질로 숨죽였던 시냇물
가을들녘 두렛상처럼 익혀내던 친정 냄새들
동구 밖을 지나도록 나를 따라 옵니다
따뜻하다가 안타깝다가 저릿하다가

부재와 존재 사이

- 11월, 대운산을 보며

푸른 비밀 속살 늘 궁금했는데
오늘 그는 속옷까지 훌렁훌렁 벗고 있다
뜸이 들면 벗기지 않아도 벗는 것을
재촉했던 내 시간들이 목에 걸린다
나는 아직
뜸들일 줄도 모르고
설익기만 하고

한창 물올라 주체 못한 푸른 힘줄
꽃보다 요염했던 단풍
그 시절 다 내어 주고도
저토록 당당한 반 백
새털 같은 시간들 하나 감추지 않고
바람에 구름에 다 날려 보냈나 보다

온전한 반백이 되기 위해
이파리들 하나씩 떨어내던 나의 11월
가두었던 나, 한 잎씩 풀어주면
저렇게 당당히 물들여질까

참 다행으로 남은 12월은
부족해서 가볍던, 아쉬워서 무겁던
고만고만한 애착들 훌훌 벗어 던지고
오 단 뜀틀이라도 훌쩍 넘고 싶다
그곳 어디쯤에서
허공처럼 부재不在였던 나
진실로 존재存在이고 싶다.

제3부

어머니의 참빗

어머니는 아직껏 참빗을 쓰신다
노인네 치아처럼 듬성듬성한 빗살에
오십 년 세월이 박혀 있다

새 빗으로 빗으면
머릿결은 쉽게 길이 들지만
깔깔한 말총처럼 마음이 일어선다고
흐트러진 집안마냥 어수선하다고

어머니는 지금도 낡은 참빗을 고집하신다
이빨 빠진 빗이어서
여러 번 손이 가지만
올올의 머릿결에서 어머니는
묵묵히 세월을 빗고 계신다
도란도란 그 세월 조각을 모으는 손끝
엉성한 참빗이 빚어내는 저토록 정갈한 리듬

어머니께 필요한 건 그 빈 틈새였던가
한평생 꽉 찬 인생으로만 살아오신 길
그 어디쯤에 있을 사잇길 같은

뿌리, 품안에 들이다

동해에서 참 고마운 빛 하나 얻었다
십 년을 기다려온 빛
세상을 밝히는 해돋이마냥
할미를 넉넉하게 살려내고 있다
막 눈뜬 동공을 품안에 안는다
보드라운 숨소리에서 달려오는 뿌리의 발자국
너는 의젓한데 할미는 철없이 떨리더구나

벌써 오늘이 백일
"꽃이되고잎이되고말소린향내나고웃음소린물레로번
지고"
네 애비에게 빌어주었던 비나리를 오롯이 옮겨본다
그래 아가야
줄기를 떠받칠 꽃이되고 잎이 되어라
공기를 바꾸는 향내 나는 말이 되어라
네 웃음이 물레로 물레로 번져
세상 마음들 풍요롭게 살려내거라.

괄호 안 어머니

장모님, 올해 연세는요?
사위의 반복되는 세배 문안 질문에
변함없이 진지한 일흔아홉 내 어머니
끝내 팔순은 넘고 싶지 않으셨는지
십육 년을 그 나이테에 묶어 두시고
기어이 미안한 팔순은
당신의 세월에선 괄호 밖이셨다
나무 그늘 되어 품 내어 줄 때까지가
당신의 진짜 세월이었던 게다

오늘 아침
거울 속으로 어머니가 오신다
눈웃음 입웃음에 접힌 세월은 끝내 숨기지 못하고
짓궂은 햇살은 더욱 선명히 따라 오고

쫓아오는 햇살을 끌어 주면서
거울 속 눈빛으로
어머니가 말하고 있다

튼실한 그늘 될 나무가 되어라
괄호 안의 삶이
가장 짙은 그늘이 될 것이니

어버이날 아들이 말한다

아버지는 어머니를 타박하셨다
우리 먼저 챙기며 아이들만 끼고 돈다고
맛있는 음식 좋은 곳 여행
아이들은 남은 세월 즐길 시간 넉넉하다며

아버지는 오늘을 사시고
어머니는 내일을 사셨다
아버지는 겨울과 맞서라 하고
어머니는 겨울을 쫓아 주셨다

군 훈련 마치고 전경으로 서울에 배치되던 날
아버지는 서울 지하철길 아는 것도 재산 된다 좋아
하셨고
어머니는 데모 방패막 되는 아들 못 보겠다며
뾰족한 수 찾아보라고 아버지를 들볶았단다
아버지 앞에서는 단단한 차돌이어야 했고
어머니 앞에서는 셈 없이 흐르는 무엇이어도 좋았다
웃어도 무서웠던 아버지

불혹의 세월 앞에서 새삼 깨닫는다
어머니 따뜻한 오늘을 주신만큼
아버지 단단한 내일을 주셨다는 걸

오늘 아침
직선이었던 아버지
웃음 따뜻한 곡선으로 피돌기한다며
하얀 카네이션 빈병에 꽂고
녹차 향 곱게 사르는 아들을 본다.

네 살배기 시인

저녁 외식 약속시간에
사위는 허겁지겁 도착했다
대전에서 서울 오는 고속도로
차들이 꼬리 물기를 하는 바람에 늦었단다
듣고 있던 외손녀
차가 어떻게 꼬리를 물어요
차들이 밀려서 가는 걸 그렇게 말한단다
밀리는 게 뭐예요
차들이 너무 많아 길에서 줄을 선 채 가는 거야
아빠, 차들이 기차놀이 하는 거 말이지
이보다 간단한 설명이 어딨나
이보다 담백한 동화가 어딨나
우리 모두 네 살배기 시인에게서 한 수 배웠다

비온 다음날
손녀 손잡고 독립공원 지난다
은행잎이 노오라니 참 예쁘구나
할머니, 밤에 노란비가 왔나 봐요
순간

노란 물이 든 시 한 줄이 반짝였다
단풍나무 숲 지난다
여기는 빨간 비가 왔나 보네
순식간에 나는 네 살배기 시를 표절한다

멋쩍은 가을하늘 쳐다보는데
손바닥에 박인 못 같은 구름 한 뭉치
기차놀이처럼
가을 산자락을 맴돌고 있었다.

컴퓨터에 밀리다

막내딸이 아기를 낳았다
산모는 하루에 미역국 예닐곱 번 먹는 것이
기본이라고 말했다
그래야 젖이 잘 돌고 회복이 빠르다고
인터넷을 검색하던 딸은
그런 건 안 좋다며
매섭게 엄마를 차단한다
비만의 빌미가 된다나 어쩐다나

산모는 외부 기온과 상관없이
내복을 입고 양말도 신어야 한다
굽히지 않고 나는 열변을 한다
가벼지지 않는 몸으로 딸은 또 인터넷을 뒤진다
너무 덥게 입는 건 나쁘단다
되레 회복이 느려진다고,
내 말들이 방바닥을 뒹군다
한 칠 동안엔 손만 씻고 샤워는 절대 금해야 한다
인터넷은 아기 낳은 다음날부터 샤워를 해야 된다며
나를 적극 방어한다

내 말 잘도 듣던 효녀 딸이
그저 인터넷 선생님이 최고다
20년 30년 세월 지나
'그때 엄마 말 들을 걸'
후회만 되지 마라, 내 딸아

친정 가는 길

마음이 먼저 달려갑니다
요즘 그 흔하디 흔한 성형 없이도
마냥 청춘이었던 그곳

골짜기 굽잇길은 진달래 풀어
내 열두 해 등하굣길 분홍으로 살려내고
남창 장날
큰오빠 남창남창2) 갈지자걸음
못본 척 피했던 일 미안하게 살려내고
예순 나이에 쌍둥이 손자 한 놈 엄마 몫으로 업고
양은 다라이에 갈치 고등어 곰피 서생바다 한 가득
담아 이고
그 땀방울도 즐거웠던 어머니 따스하게 살려냅니다

그날
올케의 급한 전화 받고 친정에 닿았었지요
어머니는 말을 잃고 옛날도 잃고
나는 무엇 하나도 살려내지 못 했지요
학교 출근한답시고 그 대단한 명분으로

---

2) 남창남창: 농산물 해산물 임산물이 풍성한 남창장날 술이 거나하게
취해 걷는 모습을 표현함

어머니께 다정한 하루도 되어 주지 못한
그날들, 사무친 후회만 살아나고
내 알량한 핑계에 그저 대견하다 고맙다며
따뜻한 눈빛에 용서를 담아주던 어머니
말없이 고마웠던 당신의 숨겨진 마음만 살아납니다

친정에서 돌아오는 길
골짜기 보름달이 배웅해 줍니다
조심해서 잘 가라던
웃는 척 그렁그렁 어머니 눈빛입니다.

법문을 읽습니다

고향집 마당처럼 따뜻한 입김으로 다가오는 사람
"삼 세 번만 참아라 삼십 번 네 편이 된다"
공자 맹자 말씀 온몸에 묻히며 산다

시골티 묻힌 대로 서울에 가서
무거운 병 앓는 윗동서 수발하며
등교하는 조카 셋 제각기 차린
아침상 예닐곱 번, 낯선 집안일
시골티 아줌마라 아무렇게나 대접을 받고
지하철 통로에 앉아 있던 거지가 부러웠다던

당신의 아들 기숙사에 보내고
대학 입시 재수로 상경한 친정 질녀 둘
하루 도시락 둘씩 넷을 싸서 보내고
과일 난전에서 하루 꼬박
숨찬 시간들 보내고도 기쁜 척 웃는 사람

흔한 고무장갑 한 번도 끼지 않고
정갈한 새벽을 헹궈 만든 음식

이웃을 챙기는 주름진 손이 자랑스러운 사람

시집 '시' 자만 봐도 스트레스 된다는
요즘 아이들에게
시부모님께 잘 하는 게 복 받는 일이라 간곡히 일러
주는 사람
셈 날 만큼 이웃을 챙기는 사람
셈 날 만큼 이웃들이 챙겨주는 사람
내 언니

마음이 만든 그 모습이 그대로 보살
그 앞에서 나는 법문을 읽습니다
비워라 베풀어라.

감귤색 느낌표

아들 가족과 처음으로 간 제주도
노란 감귤이 먼저 마중한다

바람, 돌멩이 여전한데
지천으로 깔렸다던 숨비소리 못 본 귀가 아쉬워하고
다음날 이른 아침
며느리는 제주바다 담은 아침을 준비하는데
나는 보채는 아이처럼 잠 덜 깬 아들을 조른다
숙제처럼 남겨둔 한라산을 오르려고

렌드카 힘 빌려 올라간 산
간밤에 온 눈으로 중턱에서 입산금지
눈 내린 한라산 중턱은 새로 펼친 도화지다
손녀들의 눈싸움 발자국이 신나고
눈밭에 반사된 까마귀 깃털이 그대로 보석이다

각을 세우던 모자라던 일상들
손녀들의 감탄사에
두렛상 닮은 동그라미가 되고

사십 년을 거슬러 온 아들의 재롱을
아들의 아이들에서 다시 보는 할미
감귤색 느낌표 한없이 새겨 보았다
두렛상 가득 바다의 향이 짭짤하게 차려지고 있었다.

사랑 맛을 읽다

어머니 그 깊이만큼 달달했다
사랑 맛 익혀 채운 손맛
눈짐작으로 만든 그 음식을
어림짐작으로 가늠했던 나의 혀는
오늘도 그리운 풍경을 더듬고 있다

사위는 오랜만에
혼자 와서 저녁밥을 먹고 갔다
장모님 밥은 꿀맛이었다고
엄지손가락 캐릭터를
휴대폰으로 보내왔다

'그게 사랑 맛 아니었을까???'
애매한 물음표 세 개를 붙여 답장을 보냈다
? 1은 사위를 너무도 사랑한다는
? 2는 제 아내를 여물게 사랑하라는
? 3은 모두를 사랑하는 어미 마음을
어머니가 되어 보지 못한 사위는
깊은 사랑 맛을 제대로 읽었을까.

꽃게 읽기

거제도 다대 어촌체험마을
갯벌 체험장에서 바지락 따라 온 꽃게
소금물 풀어 바가지에 두었더니
그 꽃게 짝지어 물 밖으로 나온다

1학년 외손녀는
아기꽃게 엄마 등에 업혀 간다 하고
3학년 외손자는
꽃게 짝짓기 하는 거라며
동물의 왕국에서 봤다는 풍월을 읊는다

어느새 어미가 된 딸은
바다 살던 꽃게
뭍 세상 구경하러 간단다
저마다의 나이로 꽃게를 읽는다

구식 손맛으로
내일이면 꽃게탕 끓일 생각이나 하던 내겐
모두가 새로운 독서법이다.

섬섬한3) 데이트

올케는 늘 하루가 모자란다 이불가게 안팎을 솜 같
은 걸음으로 폴폴대며 한 땀 한 땀 시간을 꿰맨다.
추석연휴 짬 내어 여덟 살짜리 외손자와 대공원 데
이트를 나섰단다 는개까지 흩뿌려 분위기는 최상,
한참 걷다 어둑살 내려 그 젊은 남친에게 집에 가자
했더니 좀 쉬었다 가잔다 비에 젖은 공원 의자엔 앉
을 수가 없어 그냥 가자 하니 "저어기"에서 쉬면 된
단다 손가락 따라 가보니 「커피숍」

촌스런 구식연인 민망한 얼굴 달아올라 주머니에
손 넣어 보니 빈 주머니, "돈이 없다" 더듬더듬 상황
을 설명하니 "할머니 정말?" 실망한 눈빛, 제 엄마와
의 달달한 캔디 맛을 씹고 있는 눈빛 보며 훈계도
못할 어정쩡한 심정 '다음 데이트 신청은 물 건너 갔
구나' 젊은 남친 손잡고 집으로 오는 길, 내일을 재
촉했던 지나간 세월은 쓴 커피 맛으로 섬섬한 가슴
되고 이불깃 한 땀 한 땀 깁던 그 실밥들은 가을비
되어 내리더란다.

---

3) 섬섬하다 : 빛이 자꾸 나타났다 없어졌다 하는 상태

사모님의 등산

　신발의 반란이다 산 중턱에서, 사모님 자격으로
간 경주남산 등산, 일상의 아침을 허우적대다가 신
발장에 있는 운동화 대충 신고 갔는데 덜커덕 덜커
덕 산 중턱에서 밑창이 투정을 부린다 알량한 체면
에 어찌하면 좋노 다리 아픈 척 뒤에 처져 애먼 칡
넝쿨 꺾어 신발에 동여매니 남편도 편 들어주지 않
을 거지가 따로 없다 제발 한 쪽만은 얌전히 있어
다오 간절히 빌었건만 한 쪽마저 반란이다 칡넝쿨로
응급처치하고 새각시 걸음으로 뒤를 따른다 앞장서
라는 대접도 뿌리치고 산 오르는 숨보다 신발 밑창
감추느라 더 헐떡였던 산길, 탈난 신발 밑창에선 피
가 흐르고 낮은 달아오르고
　삼십 년도 더 된 사모님의 등산, 오늘 문득 신발장
을 열어 본다 새 신발 살 틈조차 없던 그때가 행복
으로 숨 쉬는 삶이었다 그 등산길, 뜨거운 그리움으
로 다가오는 아침, 계절 맞춘 등산화들 화려하게 웃
고 있는데.

제4부

태화루, 햇발로 다시 서다

오늘 당신을 만납니다
당신은 돌아온 연어와 수달을 부르고
십리대숲도 불러놓고
우리를 부릅니다

내 젊은 날
울산은 잘 살아도
가슴은 허허 빈 도시라고
그 말 듣고 나는 아득한 허공이 되었지요

엄마 돈 벌러 나가고
소꿉놀이하던 어린 날 생각납니다
너거 집에 시계 있나?
그래 시계 두 개 있다, 와
너거 집에 식탁 있나?
식탁 있다, 이만큼 큰 식탁
팔 동그라미 크게 그리며
어깨 으쓱 기죽지 않았는데
너거 집에 엄마 있나?

소꿉친구 그 말에 완전 기죽었던 일
태산 같은 엄마처럼 울산을 안아 줄
우리들의 태화루 다시 섰습니다

이제 우리 엄마, 집에 있는 것처럼
문화수준 살찌울 태화루도 있다고
그 처마 아래
물결 저어 바람 저어
시를 짓는 우리도 있다고
햇발에 자랑하는 내 어깨가
이렇게 으쓱해집니다.

걸친 해를 붙잡고

남자 스물 여자 스물, 우리 맘도 스멀스멀
용케도 짝 맞춘 초등 동기회
완도에서 뱃길 한 시간
푸르고 싶은 우리 청산도로 향한다
당리 황토 서편제 길
우리를 따라 오는 진도 아리랑
'서산에 지는 해는 지고 싶어 지느냐
날 두고 가신 임은 가고 싶어 가느냐'
진실이는 자진모리 장단으로 굿판을 벌린다
바닷길 어제를 꽹과리에 실어 보내고
서산에 걸친 해를 붙잡고 있다

경치에 취해 걸음이 느려진다는 슬로우길
오솔길 같은 여린 청춘이
짭짤한 해풍에 간 배인 추억으로 살아나고
우리 또래 단풍길
꽃보다 더 꽃 마흔 명의 행렬
한낮의 햇살에 살아온 날들 울긋불긋 익고 있다

완도 끝자락 그 늦은 가을
단풍이 성성했던 청산도를 두고 돌아오는 객실
신랑각시놀이 걸진 능청에
어린 날 깔깔대던 소꿉장난 살려내고
가시나 머슴아로 성성한 그날
청산도의 푸른 웃음이 울산까지
모짝모짝 따라 왔었다.

수평선

수평선은 아득한 그리움이다
못 이룬 사랑 같은

바다 빛 하늘과
하늘 빛 바다가
한 일(一)자로 앙다문 입

'사랑한다' 말 내뱉지 못해
물빛보다 더 푸른 가슴으로
끝내 앙다문 입 열지 못하고
천년 또 천년을 그리움만 머금고 있다.

빛살 메아리

빛 없이 삭혀낸 설움
매미는 저녁이 이슥토록 목이 메인다

열 댓 날의 화려한 생애를 위해
온기 없는 토굴에서의 수련은 길었다
그 짧은 날이 메마르지 않도록 실컷 울어라
뙤약볕도 두렵지 않은 네 절규가
음지 삭힌 넋두리가
울어 울어서 맺힌 것 풀어질 수 있다면

스으릉 시어릉
가슴 시린 후렴도
세월 뒷자락에선 빛살 메아리 될 거니
끝은 끝으로 맞물려 새로운 시작될 거니

색동으로 날다

- 동피랑 벽화마을

옛날옛적 호랑이 남배 피우던 할머니 이야기에
햇살은 담장 아랫목에서 달게 잠들고
'쌔기 오이소! 동피랑 몬당까지 온다꼬 욕봤지예!'
가난했던 길이 넉넉한 웃음으로 달려나온다
벽만 한 큰 천사의 날개 빌려 입고
미안스레 천사도 되어 보고
짤막한 감탄사로 낙지, 문어들 꿈틀 살려도 본다
동포루에서 내려다본 강구항 거북선 몇 척 끌어와
난 중에 한 자 두 자 새겨놓은
이순신 장군 그 마음 깨워도 보고
세병관 뒤뜰 세병처럼 하얀 모란에 씻겨
동동 뜨는 아이도 되어 본다

그저 벼랑이 될 뻔했던 통영 한 모퉁이
오색 꿈으로 피워낸 동피랑
내 옛날 소꿉친구들 벽화에서 만나고
마른 입술 침 발라 옛날이야기 해 주시던
금이 간 할매 목소리도 만난다

아무색깔도 없던 나
알록달록 덧칠해
그날 나는 색동으로 날았다.

빛과 그늘

내 화가 친구는 세상을 그린다고 한다
시를 쓰는 나는 세상을 읽는다고 했다
그는 빛을 찾아다니고
나는 그늘을 찾아다니고
빛과 그늘이
하나의 지면을 채울 수 있다면
양지와 음지가
함께 웃을 수 있다면
세상은 참 멋진 시화가 되겠다
시화 제목은
'우리나라 대한민국'

산사의 하늘

- 내원암에서

물과 바람과 나무들
세월 가는 소리를 들려줍니다
개울물은 온통 단풍이 들었습니다
세상 눈치만 보고 살았던
가파른 시간들이 늑장을 부립니다
하늘이 저리도 파란 줄
하늘이 저리도 높은 줄
나, 몰랐던 건 아니지만
수소 넣은 풍선보다 빠른 마음이
하늘을 탑니다

저 하늘 한 자락 뉘어 잠들면
내 오랜 쪽잠도 단잠이 되겠지요
묵은 산사 종소리에 매달린
숙제 같았던 어제도
누구의 말처럼 축제 같은 내일이 되겠지요.

소네트 1

그대 듣고 있나요
주저리주저리 사연 푼 바람들의 이야기
봄꽃으로 피워내는 소리를
나도 모르게
오늘도 나는
그 쪽으로 방향을 잡고 있습니다
불빛이 흘러내리는 창가에선
당신 냄새가 따라 흐릅니다
그 불빛 한 줄을 잡고
당신 주변에라도 닿을 수 있다면
나는 행복하다고 말하겠습니다

설익은 바람이 전해 줍니다.

소네트 2

늘 바쁘다는 내 핑계에
답신으로 날아온 문자

만날 천 날 더하면 만 천 날
만천 날 ÷ 30일=366달
366달 ÷ 12 = 30년
그때쯤엔 짬이 나시려나
그냥 엉뚱한 셈 놀이해 봅니다

잘 익은 바람이 전해줍니다.

원총선 내 친구

보살 닮은 친구 하나 있지요
원총선 법명을 즐겨 쓰고
문자 말미에는 관세음보살을 후렴으로 다는 사람

함께 발표한 문예지에서 친구가 쓴 시
'톳나물 지우가 있어'란 시를 만난다
지우는 내 호인데…

지난 봄 통영 문학기행 때
신토불이 우리 톳을 귀하게 만나
떨이로 두 봉다리 사서
친구 한 봉다리 주었지

'탱글탱글 톡톡 튀는 그 맛이 천생 진국인 내 친구를
닮았다'
원총선 내 친구가
황송한 행간 낯 뜨겁게 메우고 있네요
친구는 또 이렇게 보살행을 하네요

모서리 많은 나를 다듬고 있네요
뜨거워진 손끝으로 답신 문자를 띄웠지요
우리 남은 날 톳살이로 여며 보자고
답신 보낸 손끝으로
아침이 탱글탱글 걸어오고 있네요

원동역의 봄

삼랑진과 물금 사이 원동역
봄바람 불면
햇살도 숨죽여 매화 다독이고
아지랑이 삼켜 수줍게 익은 개나리
두 줄 횡대 사열해 봄 마중한다

낙동강 따라 굽이쳐 흐르는 철길
경부선 완행기차는
사람도 싣고 봄도 싣고
치익치익 가쁜 숨 몰아
세월을 나르면
강물도 매화 향에 봄 물 들이고
손 곱은 어제의 기억은 접어둔 채
매화 향 흥겨운 취객이 된다

봄은 겨울자락 보내지도 않았는데
매화를 입히더니
소녀 적 아련한 꿈 꺼내기도 전에
또 저 만치 떠나가는데

이 봄날 부탁해 볼까
봄 실은 기차에게
매화 향 취한 강물에게

그 세월 그냥 두고 봄만 나르라고

매화 향 닮고 싶은 내 젊은 날
그 얼굴 붉혀
아직은 수줍고 싶다고.

왕자와 개나리

- 러시아 문학기행

울산문인협회 러시아 기행에서
58년 전 그 아이를
곱게 나이든 그로 만났다
초등학교 2학년 학예회 연극
그는 '봄의 여신' 주인공 왕자
나는 조연 개나리
금관이 잘 어울렸던 그 아이
한 번씩 궁금했는데

강산이 여섯 번 바뀐 후 첫 만남
어린 시절
그 왕자도 시를 쓰고
개나리 배역 나도 시인되어
러시아 문학기행에서
기적이 만든 해후
그 왕자 앞에 선 붉은 개나리

6박 8일
러시아 문학기행에서

58년 전 그 날로 돌아가
왕자는 우쭐댔고, 개나리는 화려했다
노브고르드 길가 자작나무들
우리 따라 자작자작 웃고 있었다.

후리다,4) 그 가을

덜 깬 잠으로 아침바다를 낚는다
초등 동기들과 나살리5)에서
두 편으로 나누어진 밧줄에 매달려
바닷고기도 후리고 소싯적 세월도 후린다
그물에 걸려온 고기들 사람처럼 이름이 정겹다
서대 성대 임연수 숭어 고등어 감성돔 밀치 양태 뱅
어 게 문어
갑오징어 그냥 오징어
낯익은 것과 낯선 것들
처음 보는 풍경에 가슴이 뛰다가 저리다가

문어는 오체투지로 유서라도 쓰는 것일까
수술 전 서명처럼 잡히는 대로 입 도장을 찍는 꽃게
뭍을 밀어내는 물고기들의 몸부림이 미안하다
작은 물고기들 더 자라 오라며
바다에 놓아 주는 친구들

---

4) 후리다-후리로 고기를 잡는 일
   후리-강이나 바다에 그물을 넓게 둘러친 후에 그물 양쪽에서 여러
   사람이 끌줄을 잡아당겨 물고기를 잡는 그물
5) 나살리-울주군 서생면에 있는 바다마을

초등 그 마음 웅숭깊게 풀어낸 바다가 따뜻하다
솜씨 좋은 친구들 살 저며 금방 회를 만든다
TV 보며 많이 그리던 맛이었는데
기대만큼 달지가 않다
친구들은 숙성되지 않아서라지만
펄떡이는 숨 멎게 한 미안함이 목에 걸린 맛 아닐까

대 실 탁 근 섭 그리고 자야 순이 숙이 옥이
우린 그물에 걸렸어도 운 좋게 살아남았구나
고마운 발자국 다독이며 한나절을 모래톱에 새겼다

아쉬운 세월 이어 잡은 간절곶 행군
볕뉘의 눈 맞춤에 우리들의 칠순이 반짝인다
대낮 노래방, 낯선 칠순 흔들리며 흔들며
간절곶에서 간절히 초등학생으로 돌아가고 싶던 날
여전히 바다는 푸르고 하늘은 높고
코스모스 몸짓 따라 가을을 춤추었다.

불편한 진실

보름달이 풀어놓은 장생포 밤바다, 40년 전 기억
들이 바다 물비늘에 흔들리며 살아난다 고래가 자랑
스런 장생포 초등학교 햇병아리 선생님시절 우리는
고래고기 열두 맛처럼 세상이 두루 좋아하는 아이들
을 키워야 한다고 고래고래 소리를 질렀다 직원체육
을 마치면 교무실 책상에서 곧잘 고래고기 회식을
했다 그 냄새 역겹다며 멀리 떨어지라고 손사래 치
던 대구 출신 여 선생님 4년 임기 마치고 갈 때쯤은
자기 자리에 상을 차리란다 하루에 고래 여섯 마리
가 잡혔다고 빅뉴스가 전해지던 늦은 유월, 교장선
생님은 아이들 서둘러 보내고 직원 모두 고래 견학
을 가자셨다 일차 고래 견학, 이차 고래 고기 파티
로 가슴마다 한 아름 풍선을 달았는데 배에 묶여 바
다에 떠 있는 고래를 보는 순간 집채만 한 몸피는
숭숭 뚫려 고름이 나오고 고등어 썩는 냄새가 진동
했다 미처 솥에 들어가지 못한 고래들이 재판 없이
치르는 이차고문이었다 그 날 이후 교무실 책상 고
래 고기 상차림은 내 자리에서도 멀어져라 손 사례
를 쳤다

장생포 바다 '할매고래고기집' 여전하고 달빛 그대
로인데 '고래 바다 여행선'과 '고래 생태 박물관'은 장
생포 주인인 양 버티고 있다 고래를 사랑하기 위해
서란다 40년 전 고등어 썩는 냄새가 잘 삭혀진 고래
고기 씁쌀한 향이 되어 '할매고래고기집'으로 발걸음
을 유혹한다 고래를 사랑한다 하며 핏대 세우면서
고래고기에 맛 들리는 내 불편한 진실은 또 어쩌란
말인가 나도 40년 전 대구 그 여 선생님처럼 변해
가는 것일까 변해야만 하는 것일까.

제5부

바람꽃 당신

오월 이팝꽃
당신은 눈부신 사랑입니다

내가 당신에게 홀린 날
가슴은 눈부시어 마구 붉은데
당신은 하얀 옷자락
나는 붉어 차마 다가갈 수 없었습니다

설렘 가득한 그날 기억하려
누구나 부르는 이팝꽃 말고
나만이 부를 이름
당신에게 붙이고 싶었습니다
'하얀 순수' 너무 여리고
'붉은 짝사랑' 그저 민망하고
"바람꽃 당신"
예, 이게 좋겠습니다

어느 날 바람으로 가고 말 당신
빈 영혼으로 떠나는 날

하얀 그리움이라도 남겨 두게요
기도 같은 그 빛깔로
내 영혼도 셈 없이 씻기우게요.

유채꽃, 유효기간을 지우다

태화강에 노랑을 풀었구나 그때처럼
나 울던 날 너 울어 주었고
나 웃던 날 너 웃어 주었지
너 앞에서
노랗게 질렸다가 노랗게 피었다가
그저 강물이고 싶었지

미안한 불혹의 날을 꺼내어 본다
오며가며 짜여진 날 촘촘히 접어 두고
모임에서 우리 처음으로 간 제주도
초침에 쫓겨 햇빛 거둔 곳에서만 보던 그가
환히 풀어진 시간에선 왜 그리 초라하던지
햇살은 바랜 그 모습만 증폭시킨다
신혼 내내 꿈으로 남겼던 그곳
유채꽃 유혹이 만개했어도
나흘 낮 나흘 밤 내내
낯선 이웃처럼 멀찌감치 딴전만 피우고

하지만 지금, 그는 없다

나는 제주의 봄이 되었다가
제주의 봄을 그리다가
유채꽃 그 색깔의 유효기간을 지운다
더 짙은 노랑이 물결 져 온다.

장롱을 읽다

밤은 경계를 흐트려 놓는다

바람결 어둠이 자리해

행여 당신의 팔베개인가 돌아누우면

반 세기를 함께한 자개장롱이

반 백년의 지우로 가만히 달랜다

삶은 다 그런 거라고

오는 날이 있고

가는 날이 있다고

채색할 수 있는 그리움도 행복이라고.

사랑해, 그 아득한

"사랑해" 그 흔한 말
살면서 끝내 들어보지 못했습니다

모처럼 분위기 잡던 어느 날
"나 당신 꼭꼭 묻어주고 갈 거야"
그 말을 대신한다는 걸 귀하게 알아챘습니다

그러고 보니 나도 그 말 한 번 하지 못했네요
서둘러 내 대답 듣고 싶었을까요

내가 먼저 당신을 꼭꼭 묻어 드립니다
아닙니다 당신이 제게서 꼭꼭 묻힙니다
이만하면 "사랑했습니다" 그 대답이 될까요
그 어려운 내 대답이 될까요

"사랑해" 그 말은
여전히 우리의 말은 아닌가 봅니다
아직도 아득해서 잡히지 않으니까요.

지푸라기를 잡다

잃어버린 시간이 있었습니다
하늘은 잿빛
입도 귀도 닫혀버린 시간
아니 열고 싶지 않았습니다

물에 빠지면 지푸라기라도 잡는다는데
무엇인가를 잡아야 일어설 것 같은데
잡을 건 아무 데도 아무 것도 없었습니다
지금 이 순간을 인정할 수 없다는
설득되지 않는 현실이 나를 잡고 있을 뿐

'아침을 열며'에 띄웠던 미숙한 세상읽기가
우주의 메신저로
고마운 지푸라기가 되어 주었습니다
덩달아 작가란 이름도 선물 받고
늪에서 허우적거리던 날들이 조금씩 건져졌지요.

감사합니다 감사합니다

오늘 이 인사말을 세상에 정중히 전해 봅니다
끊어질 듯 허술했던 나의 지푸라기
가지런히 펴고 곧게 이으면 튼실한 밧줄이 되겠지요
그 줄 잡고
내려 온 길 다시 귀하게 오르고 싶습니다
나, 이제 뉘의 끄나풀이 되고도 싶으니까요.

지상과 천상을 잇는

아파트 벽을
그림자처럼 오르는 바람이
한잠의 새벽을 깨웁니다
누군가의 외마디 울음 같은
다 피우지 못한 하소연을 모읍니다

내가 못 들을까
문을 두드리고 창문을 흔듭니다
그러지 않아도 저는 압니다
산 날의 약속 지키지 못하고
먼저 바람으로 떠난 미안함을
소리에 실었다는 것을
미안해 마십시오.
새벽공기도 시리지 않게 녹여 주던
그때만 기억할 거니까요

이제
재우지 못한 나의 절규도 깨우지 못한 임의 한도

노을자락 머무는 바람입니다
벽을 오르는 바람소리도
지상과 천상을 잇는 외람된 안식입니다.

사무치도록

이승에서의 마지막 목소리란 걸 미처 몰랐습니다
그는 이미 낯선 사람
신들께 한 시간 전으로만 되돌려 달라고
수없이 빌었습니다

이제 아득한 그 강산을 보내고도 1년
감히 이런 글을 쓰고 있습니다
세월이 약이라던 위로 말에
'당신 당해 봐라 세월이 약인가'
까끌거리던 목메인 말을 무수히 삼켰습니다
오늘, 그 말이 진리라는 걸 알아가고 있습니다
이제 약발이 듣나 봅니다

내 세월 동안 당신은 영원한 강물이었으니
당신은 복 많은 사람
나를 다독다독 묻어주고 가리라던
지키지 못한 약속도 이제 용서합니다
한 사람을 진정으로 사랑할 수 있었고
한 사람에게서 진정 사랑받을 수 있었으니

이제 나도   행복했노라 말하며 흐르럽니다

그런데 이 가을
나는 또 그 시간을 놓지 못합니다
10년 기다려 손자를 안은 손이
사무치도록 떨럽니다
나보다 더 떨릴 그 손이
사무치도록 그럽습니다.

한 발 늦다

가지산 여름은 겹겹이 짙푸르다
그 빛 익힌 가을을 보러 간다
마침맞게 비까지 내리는 십일월 끝자락
여름날 햇볕에 홀려
청춘을 다 바친 가을산은
재바른 걸음으로 겨울을 맞는다

나의 삶은 언제나 한발이 늦다
바쁘다는 핑계는 핑계일 뿐이다
"죽은 자식은 죽어서 못 보고
산 자식은 바빠서 못 본다"
어머니의 푸념이
산허리에서 긴 한숨으로 묻어나고 있다

그 고운 단풍도
벼르기만 하다가 번번이 놓치고
어머니조차 한 발 늦은 습관으로 놓쳐버렸다

어머니
그래도 무르익은 가을빛 하나
심장이 울리도록 추억하게
용서해 주실 거지요.

미리 쓰는 편지

그날이 오면 환한 맘 훨훨 저어 당신께로 가렵니다
이승의 숨찬 날들 미련 없이 훌훌 털고
"그 동안 수고했소 그리고 장하오"
세월 내린 내 어깨
토닥토닥 두들겨 주실는지요
이곳을 떠난 머언 해후
내 이야기 아껴 조금씩만 풀어 놓으렵니다
그땐 헤어질 일 없을 테니

믿던 그늘 없어지고 바람 숭숭 들이치던 날
"세월이 약이다"
약발도 없는 처방을 내 놓는 사람들이 미웠습니다
당해 보지 않은 이들의 빛 좋은 겉치레 위로라고,
이제 그 말이 낯설지 않은 내 말이 되었습니다
세월은 낯설던 것도 조금씩 낯익게 했고
한 번씩은 갈지之자로 걸어보라 부추기기도 했지요
내 진정 그날이 오면
이승의 사연 숨김없이 모두 고백할 수 있을지
당신, 그래도 모르는 척 들어 주시겠지요.

단축키 1번

새 휴대폰엔 단축키가 없다
점원에게 입력을 부탁했다
2번은 아들, 3번은 딸
점원이 1번은 누구냐고 자꾸 묻는다
1번은 그냥 비워 두라고 했다
점원은 알 수 없다는 눈빛이다
알 리 만무하지 그 번호는 가슴에 있는데

하늘과 내가
희부연 잿빛일 때 누르는 번호
'이 번호는 없는 번호입니다 다시 걸어주십시오'
토씨 하나 안 바뀌는 대답
그래, 할 말이 너무 많을 땐 무언이 최고지
입 있다고 다 말할 수 없는 것
말이 또 다른 여운을 만들거니
한결같은 대답이면 되지 않는가
그것으로 충분하려 했지 않은가
'당신' 대신 새겨둔 그 자리
단축키 1번을 잡고 있는 이유인데.

추상명사가 되다, 당신

'당신'이란 대명사는
내게서 추상명사가 되었다

볼 수도 잡을 수도 없어
아득한 기억으로
날아다니는 이름

하루 한 갑하고도 반을 더 사른
가득한 당신의 담배 연기처럼
보면서도 잡을 수 없어
끝내 허공만 젓던 이름

현관문 열고 느긋이 들어서면서
하루를 다독여 주던
허허 그 너털웃음
지워내야 하는 속 쓰린 이름이다.

시간 저 너머

사철 시들지 않은 꽃 공원 하나 있다
고층 아파트 즐비한 요즘 세상에
단층만 허락된 그곳
이름도 예쁜 옥동공원묘원이다
그럴 듯한 핑계들이
묵언의 시간대를 넘고
이루지 못한 꿈들은
여직 미완성으로 누웠는데
군것질에 이골 난 들고양이만 바쁘다

번뇌의 곁가지, 그 모두를 비운 듯
그러나 생각까지 벗은 건 아니다
기다림 마냥 길어지면
잔디만 키워야 하는 그 마당에
뾰족한 억새풀 풀어 빗장을 건다

단 한 번의 나들이조차 외면한 사람
어제 같은 오늘을 묻은 채
양지뜸 환한 곳에서 편히 쉬는지
방문객의 가슴은 늘 음지뜸이다
방문객의 발끝은 얼음처럼 저리다.

문門 앞에서

　당신 옷을 정리해야 합니다 아니 보내야 합니다
곱게 손질한 양복 스물은 넘겠는데 '아름다운 가게'
로 보내기로 마음을 먹습니다 강산도 바뀐 세월 이
제는 넘어야 하는데 또 망설입니다 당신 두 손이 지
키고 있는 양복 주머니에 내 손을 넣어 봅니다 남아
있는 건 먹먹한 가슴뿐입니다 베란다로 쫓겨 간 담
배연기가 오늘 왜 이렇게 그리운가요 길가 정체 모
를 연기조차 그리움이 됩니다 그래서 오늘도 차마
당신을 보내지 못합니다

　옷장 문門을 닫습니다 아름다운 가게 이름처럼 그
이름 구겨지지 않게 보내야 합니다 그리움이 짙으면
외로움이 된다는 것을 닫힌 문門 앞에서 깨닫습니다
훌훌 문門 열어 주책없는 이 집착을 숙제처럼 풀 날
을 기다려 봅니다.

밝은 표정 짓기 연습

열심히 살았던 주인공이 있었습니다 배경음악은 베토벤의 '운명'교향곡처럼 웅장하다가 '오빠는 잘 있단다' 트로트풍으로 경쾌하다가… 관객도 조연도 함께 신바람이 났습니다 조연들이 달려갈 미래엔 항상 주인공이 지켜봐 주실 거라고. 유쾌한 날들이 싱싱하게 가꾸어졌습니다 그런데 주인공이 예고도 없이 무대를 떠났습니다 다시는 올 수 없는 곳이랍니다 배웅도 못한 조연들 그건 거짓말이라고, 이를 순 없다고 발버둥치는 말들이 만장이 됩니다

무대엔 더 이상 배경음악도 불빛도 없습니다 조연들은 신날 일도 신나려고도 하지 않습니다 내일이 있다는 게 싫어 마음이 먼저 흐느적거렸고 오늘은 의미를 잃고… 그렇게 몇 날이 흘렀을까요 울음을 삼킨 조연들 생각을 다듬고 마음을 모읍니다 무대를 비워 둘 순 없다고, 보내지 못한 주인공이지만 그에 대한 예의가 아니라고 조연들은 새 주인공을 뽑아 무대 위에 올립니다 새 주연은 애써 밝은 표정을 지으며 엇박자의 발걸음으로 무대에 오릅니다 조연들 추임새를 넣습니다 고마워요 당신은 할 수 있어요

당신은 여전히 우리의 슈퍼우먼입니다 추임새는 끝도 없습니다 용기를 내지 못했던 새 주인공, 오늘을 들숨으로 마시며 가슴 부풀린 복어처럼 팔을 힘껏 뻗어 봅니다 조연들 잘했군 잘했어 흥겨운 척 노랫말을 반복합니다

세상 사람들은 밝은 표정만 좋아한다는 걸 아는 조연과 새 주연, 마주보며 애써 밝은 표정을 지어봅니다.

제6부

아득히 봄

겨울잠에서 깨어난 고삐 풀린 망아지
우리는 그렇게 봄이 되었다
경중경중 산과 들을 누비면 찬거리는 지천이다
송깃대 겉옷 벗겨 하얀 속살 발라내고
찔레순 부러뜨려 밑동부터 결 따라 껍질을 간다
잔대 뽑아 소맷자락에 쓰윽 문질러 흙 털어내고
피기 껍질 가늘게 벗겨 솜털 발라내면
달짝지근 쌉싸래한 봄이 입 안 가득 씹힌다

그래도 채워지지 않던 유년은
젖 먹던 힘 다해 칡을 캔다
그 칡 우적우적 씹으면
인디언 추장이 된 삼숙이 병국이
시커먼 입이 그제야 보인다
마지막은 진달래로 입가심하고
그렇게 우리는 벙긋벙긋 봄이 되었다

오늘 호수공원에 진달래, 다시 피었다
봄바람에 옛 친구 소식 몇 자락 들려온다
나의 유년은 아득히 봄이 되어 간다.

그 사死월, 꽃사월

마르지 못한 사월의 기억들
묵혀둔 분 냄새로 흩어진다

한 시간 전 그의 전화가
이승의 이별이 되었던 그 사월
벚꽃 화려할수록 수렁으로 더 깊어지고
내 마음 모르는 고것들
밤새 뜯어 아무렇게나 흩어 버리고 싶었지

강산을 접은 세월 또 사월은 오고
유리벽 속살처럼 단단히 잡도리한 가슴
내 사월은 그대로 잔인한데

엘리엇의 시처럼
'죽은 땅 밟아 피운 라일락'
시린 사월 지나면
내 정원은 따뜻하게 피워날까
더 이상 잔인하지 않을 꽃사월로

낙화 벚꽃

낙화
너는 움직이는 꽃이다
짧은 생 마감한다고
온몸으로 말하는 순간이다

화려했던 순간
마지막도 추하지 않으려는
너는
삶도 죽음도 아름답구나

낙화
가슴 아린 너의 순간을
우리는 또 하나의 낭만이라 즐긴다.

너의 마지막을 헤아리지 못하는 우리는
'미안하다'
말하면 위로가 될까
너의 가슴 아린 순간을
즐길 줄만 아는 우리는

'아름답다'
환호하면 용서가 될까

그래도 우리는 너를
끝까지
하얀 그리움으로 간직하고 싶다.

가뭄, 그리고 봄비

비를 본 기억이 까마아득합니다
이월 끝자락
가뭄이 여물다 기어이 익었습니다
단물이 줄줄 흘러내립니다
허기진 대지를 달래고
나무에게 젖을 물립니다

내일은 3월
진달래 개나리가
꽃신을 장만할 겁니다
그리고 아장아장 걸어 나올 겁니다

나, 꽃신도 마련할까 봅니다
예순, 일흔 꽃땀 꿰어 기운 꽃신이니
어지간히 예쁠 겁니다
그 꽃신 신고서
진달래 옛날을 불러도 보고
개나리 꽃띠도 되어 보고
그런 생각하는 나는 이미 꽃입니다
나 혼자만 알아주는 기어이 꽃입니다.

돌아보면

까르르 웃음소리가 호수공원에 출렁인다
돌아보니 젊은 부부
유모차에 태운 아기 어르고 있다
아기는 엄마 입모양 따라 악기를 튕긴다
까르르 또르르
어느새 나를 불러 세운다
나도 '까꿍' 무딘 악기 튕겨 보았다
나 보고도 까르르 웃는다
참 고맙다 울지 않고 웃어 주어서
세상이 지어낸 가장 아름다운 음악이다
세상이 그려낸 가장 아름다운 풍경이다
지금 젊은 부부 서 있는 자리
사는 날 중 제일 행복한 순간인데
지금이 제일 행복한 선물인데

화두, 벚꽃 진 자리

봄비가 선을 그어 줍니다
꽃 당신 영역은 여기까지만

오래 머물 수 없음을 알고 있지만
쫓기듯 가는 건 정작 서운합니다

날개가 되지 못한 꽃잎들
길가 하얀 베일이 됩니다
마지막 가는 길 보시가 되려 합니다
또 한 계절이 파란 약속으로 오도록

'영원은 없습니다 짧아서 더 화려했습니다'
그 길에서도 분빛 언어들 풀어 놓습니다

'여려서 더 질긴, 짧아서 더 빛난'
물길 여는 화두 한 줄
나는 가뭇없이 갇히고 맙니다.

꽃무릇 산책

구월을 달군다 호수공원길 꽃무릇
사랑을 찾고 있는 모양새다
사랑은 칼이 되기도 하는데
사정없이 찔리기도 하는데
그래도 좋다면 기다려라
그 대신 상처는 받지 말아라

상처 받지 않을 자신 없다면 널 사랑하는 것이다
시든 날은 피던 날을
피던 날은 시든 날을 기억하는 것이다
내년 또 내년에 다시 홍안으로 피려면 말이다
그리움 모르고 어찌 사랑을 알겠나
기다림 모르고 어찌 사랑을 읽겠나
영원한 사랑은
끝없이 그리워하는 것
끝없이 기다리는 것
그 목마름, 꽃이 되는 거란다
정열은 찰나의 절정, 내려갈 일만 남을 테니
잠깐 아주 잠깐인 것을
목숨 걸지 않을 일이다.

목련에게서 배우다

하얀 초롱 기도처럼 받쳐 들었다
첫날밤 그 등불처럼
처음은 언제나 설레는 것
발 뻗어 오늘을 일구고
팔 벌려 내일을 파종하고
글피쯤엔 화려한 꿈 만날지도 모르겠다

사나흘 지나 초롱불 꺼졌다
처진 꽃잎은 더 이상 꽃잎이 아니다
밟힌 자국 선연해 더 이상 설렘도 없다
세월이 유수라는 말 몸으로 펄럭이는 너 앞에서
인생은 홍로일점설紅爐 一點雪이라며
벌건 난로 위에 떨어지는 한 점 눈발이라던
서산대사 임종 게송 시구를 생각해 본다

색 바랜 옷조차 버리지 못하는 나에게
숨길 것도 가져 갈 것도 없다며
가슴 통째 열어 보인 너는

그 짧은 시간 동안 세월을 읽었구나
뾰족한 사연 하나 씨방으로 남겨
아닌 척 내일을 준비하고 있었구나
끝은 또 다른 시작이라지

오늘 네게서 다시 배우면
잠자는 내 일상들 미련 없이 보낼 수 있을까
비워서 부자 되는 여문 씨방 하나 만들 수 있을까

소쩍새가 되어 보다

태화강 대공원은
봄부터 울어 젖힌 소쩍새 소리가
국화로 만발하였습니다
카메라에 노란 꿀을 쉼 없이 담고 있는 나비 떼들
나는 가을에 젖었다가 국화에 젖었다가

무심한 나를 흔들며 흔들며
잠깐 소쩍새가 되어 봅니다
국화 떨기마다 소쩍소쩍 내 노래가 흐르고
올 여름 지독한 가뭄에 맺혔던 땀방울들
옹골찬 꽃송이로 피었습니다
옹골참 속에는 짭짤한 미소가 숨어 있지요
나는 솥 적어 솥 적어 운 게 아니고
꽃 시절 그 날 아쉬워
날 적어 날 적어 노래했는데
영광은 아주 잠깐이라고
이 무거운 화두를 풀어 줍니다
그래도 나는 또 기다릴 겁니다..

높은 하늘이 있고 나비 떼가 있는 한,
기다림은 빛이 된다고
땀방울은 축복이 된다고
이제 나는
겨울도 따사로이 넘길 수 있겠습니다

소쩍새에서 가뭇없이 깨어난 내 머리 위로
노을이 노랗게 피고 있었습니다.

섣달 수선화6), 모서리를 지우다

서릿발 접어 하얗게 웃고 있다
섣달 세밑
호수공원엔 수선화가 피었다
금잔에 은대 받쳐 들고
새해를 마중한다

장발장의 은촛대가 꿈꾸는 빛은
얼마나 은혜로웠던가
받쳐 들 것을 챙겨 본다
사랑했던 내 모든 것
희, 원, 연 그리고 그 가지들
또 그리고…

비우고 갈 것
미워했던 모든 것
그 눈빛 그 모서리들
그리고 모서리들의 모서리가 되었던 나

---

6) 수선화(금잔은대) : 노란 꽃은 금잔 같고 하얀 꽃잎은 은잔대 같다
   는 데서, 수선화를 이르는 말.

오늘
서릿발에 웃고 있는 너 앞에서
금잔에 은대 받친 네 흉내로 세밑을 보낸다
시린 날들을 지우며 지우며

정월 대보름

- 울산중구 달맞이 축제

탑으로 쌓은 무술년 소원 하늘을 오른다

중구 어른들
둥글둥글 달 닮은 한 해 보내 달라고 제례복 여미어
축사를 하고
오방색 옷자락들
굿거리, 자진모리, 휘모리 장단 보름찰밥 만큼이나
차지게 버무린다
엄마 따라온 아이 하나
모은 두 손 포근한 강아지를 안고 싶은 모양새다

산을 담아온 소깝불은 활화산으로 치솟아
훈훈한 한해 되어 달라고 하늘 높이 고하고
강물을 담아온 대나무는 강물처럼 마디 없이 흘러
달라고
엄포총을 부지런히 쏘며 액운을 쫓고 있다

빛으로 이어진 소리

소리로 이어진 빛
무술년 한 해가 무사하소서
복 받을 일 많으소서
나는 너에게 너는 나에게 꽃이 되게 하소서

대보름 둥근달
학성공원 오색 동백보다
더 곱게 더 붉게
태화강에, 울산에 피어나고 있었다.

다시 꽃자리 되길

– 글사랑학교 마지막 수업

글사랑 학교 마지막 수업
한글 공부 3년이 주마등으로 살아난다

며칠 후에 있을 졸업식 연습
반장은 졸업사를 읽다가 목이 메인다
가난했던 한글이 부자가 되고 있는데
낯선 이별에 소원했던 졸업이 기쁘지 않다고

'오랫동안 사귀던 정든 내 친구
작별이란 웬 말인가 가야만 하는가'
졸업노래 연습을 하며
흐르는 눈물 앞섶으로 닦아내고

마지막 공부를 하고 떠나는 뒷모습
굽은 무릎들이 더 넓게 흔들린다

"죽인다고 편지를 써 보내도 우리는 모르는 기라요
당다리 봉사인기라요"

하소연하던 그 말씀들 다시 살아나
칠순 제자들 멀어지는 모습 보며
한글 닮은 샛별이 총총 쏟아지라고
당신이 앉은 자리 다시 꽃자리 되라고
두 손 모아 엄마인 양 빌어 본다
손등에 떨어지는 눈물 아프게 씹힌다.

우주의 무게

제집 문패 처음 달고 서울서 세종시로 이사 간 딸
네, 비둘기 복통 만한 마루, 아랫집 눈치에 까치발이
던 아이들 넓은 마루에 물 만난 고기다 딸네는 주변
사정 익히러 나가고 맑은 바람 들이려 할미 마음 창
틀에 머문다 거실과 방을 차례로 현관문 바깥 창틀
을 닦는다 청소 끝, 기분 좋게 현관문을 여는데 아뿔
싸 문이 닫혀 있다 비밀번호도 모르는 채 닫힌 문은
철의 장막

이십 층 창밖은 눈발이 무성한데 얇은 옷차림에
휴대폰도 없어 마음부터 먼저 한기가 든다 체조와
뜀박질로 시간을 벌어 봐도 딸은 소식이 없고 구급
차 소리 섬짓섬짓 지나간다 몸은 으스스 움츠려 드
는데 혈압이 말썽부리면 어쩌지? 용기 내어 두드린
옆집조차 기척 없어 체면 무릅쓰고 위층으로 간다
기도하는 마음으로 벨을 누른다 어수룩한 내 몰골에
문을 반쯤 열어주는 아주머니, 나에겐 천사다 더듬
더듬 사정 말하고 휴대폰을 빌려 딸에게 전화를 건
다 비밀번호 메모지에 비뚤비뚤 받아 적는데 아주머

니 따뜻한 눈빛으로 문 여는 방법 설명해 주신다 바
쁘게 내려와 모셔온 숫자 네 개 조심조심 누른다 철
의 장막이던 벽, 장난처럼 허물어진다 평화를 안겨
준 숫자들 응당 고마워야 하건만 어지럽고 무섭다
요즘 세상은 비밀번호를 통과해야만 무엇이든 할 수
있다 벽만큼 많은 비밀, 화려한 벽은 비밀도 화려하
다   # *을 장식처럼 달고 다닌다 숫자가 만든 비밀
의 무게, 우주의 무게다

 이 맞지 않는 사립문, 엉성해서 평화롭던 어제가
한없이 그립던 날

해설 ‖ 손수여

현대판 열녀전 소리 없는 절규,
낭만으로의 회귀

손수여(시인, 문학박사)

　지우 서금자 시인이 등단 여섯 해만에 첫 시집 『숨결, 바람꽃으로 피다』를 상재했다.

　시인은 2013년 8월 양사초등학교 교장으로 정년 하신 교육자이시다. 42.6년이란 거의 반세기에 가까운 긴 세월을 국민 기본 교육에 헌신하신 겨레의 사표이셨다. 필자가 지우 시인을 뵌 것은 그리 오래지 않다. 해수로는 불과 서너 해에 불과하지만 결코 낯설지 않은 것은 선생님의 작품을 통해서 빨리 접근할 수 있었기 때문이다. 그것은 필자가 살아오면서 낳아주신 어버이 다음으로 공경하고 사랑했던 한 분이 지우 시인의 죽마고우로서 초, 중, 고 동기 동창이자 교단에 함께 하셨던 종누님 덕분이기도 하다. 선생님은 타고 나신 탁월한 지성에다 남다른 감성을 가지고 성실함까지 일관된 반세기를 후학 양성에 바쳐 오신 분이다. 그럼에도 그는 정년 후에도 두 가지 일을 끈기 있게 해 오셨다. 시를 읽고 쓰는 일과 다른 하나는 할머니들에게 교육봉사를 하는 일이다. 한국 전쟁 등으로 인하여 고희古稀를 넘기신 문맹文盲인 할머니에게 문해〔文字解讀〕교육을 통하여 평생 한을 풀어드리고 그 보람으로 행복하다고 하시니 한국의 참교육자가 아니겠는가.

선생님은 2011년에 수필 전문지 〈수필시대〉를 통하여 수필로 등단, 문단에 나오신 후 이듬해 다시 종합문예지 〈한국문인〉에 시로 겹 등단하는 귀재를 보이셨다. 그랬기에 그가 놀랍게도 문단에 이름을 올리자마자 정년을 기념하여 발간한, 40여년의 교단 현장이 묻어 있는 문집 『아침을 열며』를 누님을 통해 접해 보고 그때 이미 큰 시인으로 소양을 닦아오신 역량을 가늠할 수 있었다. 이번에 낸 『숨결, 바람꽃으로 피다』는 첫 시집이긴 하지만 6년 만에 문집에 이어 두 권째 발간한 셈이다. 특히 이 시집은 피할 수 없었던 별리의 고통을 극복한 것이 아니라 가족애로 견뎌낸 현대판 열녀전을 일구었다. 강산이 변한 세월이지만 빛깔과 무늬만 다를 뿐 사랑에 무게를 싣고 중심을 잃지 않는다. 전편을 통하여 사랑의 끈을 놓지 않는, 그래서 가슴에 맺힌 응어리진 한

恨이 봄날 해동이 되듯 풀어져 나온 통곡이요, 소리 없는 절규이다. 이 절규는 섬세하고 젖은 듯하면서도 튀는 듯한 감성으로 사랑과 연민, 기다림과 그리움을 진솔하게 펼친 곧 80편의 서정적 낭만으로의 회귀이다. 그 중 필자는 무작위로 뽑은 제 취향에 맞는 몇 수를 가지고 시인의 시세계에 공감하며 동일시나 대리만족하는 느낌의 말로 해설을 대신하고자 한다. 따라서 발췌한 몇 편으로 전체를 대신할 수는 없을 뿐더러 해설에 따른 해석상의 오류는 전적으로 필자의 몫이며, 유연성 있게 접근하여 보다 명징한 해석은 독자 여러분께 맡긴다.

1. 연극 같은 인생의 서막

한 치 앞 발자국은 없다
잡을 수 없는 수평선
내 발자국은 나를 앞설 줄 모른다
앞으로 걸으면 뒤에서
뒤로 걸으면 앞에 찍히긴 하지만

발자국엔
숨겨진 답을 찾던 물음표가 있고
내 울음이 용서한 감탄사도 있다
몸살처럼 끈적한 목소리
끝내고 싶던 간절한 마침표

삶의 순간순간이 고인 앙가슴이다
펼쳐 놓으면 길고 긴 자서전
먼 길 걸어와
지금 또 걸어갈 길
내 푸른 봄 익힌 새로 난 길에
적막을 밝히는 달맞이꽃
선명한 꽃말로 피워야겠다.

-〈발자국, 선명한 꽃말로 피다〉 전문-

　문학의 향기가 이런 걸까? 시향이 이런 매력일까.
읽을수록 빠져들고 다시 읊조리고 싶은 충동, 이것
이 울림 때문일까. 지우 시인의 시는 행간에 숨은 시
어의 마력, 자신도 모르게 푹 젖어들게 된다. 제목이
갖는 "발자국, 선명한 꽃말로 피다"에서 발자국은 곧
시인이 걸어온 역정歷程이었다. 어찌 오늘까지 살아
온 길이 순탄할 수만 있으랴. 어찌 웃음꽃만 피우거
나 기쁜 일만 있었겠는가. 고통과 회한의 날도 있었
을 테다.
　그것을 "펼쳐 놓으면 길고 긴 자서전/ 먼 길 걸어
와 지금 또 걸어갈 길"을 시인은 시인답게 희로애락
을 월점부호로 표출한 발상이 기발하고 감동적이다.
이미 먼 길을 걸어왔고 또 걸어갈 길이기에 그것을
있는 그대로 담아내면 자서전이나 소설이 된다. 시
는 간결하게, 곧 함축미가 생명이다. 인생항로에 펼

처진 수평선 위를 걸어가는 발자국에는 물음표도, 마침표도 느낌표(감탄사)도 있었다. 이 시 한 편에서 지우 시인의 시론에 대한 철학을 엿볼 수 있고 다른 시편에 대한 기대감을 가져도 좋을 성싶다.

　　오월 이팝꽃
　　당신은 눈부신 사랑입니다

　　내가 당신에게 홀린 날
　　가슴은 눈부시어 마구 붉은데
　　당신은 하얀 옷자락
　　나는 붉어 차마 다가갈 수 없었습니다

　　설렘 가득한 그날 기억하려
　　누구나 부르는 이팝꽃 말고
　　나만이 부를 이름
　　당신에게 붙이고 싶었습니다
　　'하얀 순수' 너무 여리고
　　'붉은 짝사랑' 그저 민망하고
　　"바람꽃 당신'
　　예, 이게 좋겠습니다

　　어느 날 바람으로 가고 말 당신
　　빈 영혼으로 떠나는 날
　　하얀 그리움이라도 남겨 두게요
　　기도 같은 그 빛깔로
　　내 영혼도 셈 없이 씻기우게요.
　　　　　　　　　　－〈바람꽃 당신〉 전문－

아름다운 사랑 위에는 눈물겨운 이별이 예견된 경우가 많다. 특히 그것이 사별로 이어진 사랑은 극통極痛의 언어를 수반하고 다다르기 어려운 그리움이 수반된다. 그만큼 사연과 사연이 간절하고 애절하다. 그래서 시인에게는 몽환에 빠질 수밖에 없다.

언제까지나 자신과 가족을 지켜주고 함께할 줄 믿었던 사람이 이승을 떠났다. 그는 이미 떠났지만 보내지 않았기에 지우 시인에게는 여전히 함께 있는 사람이다. 그래서 정녕 "어느 날 바람으로 가고 말 당신/ 빈 영혼으로 떠나는 날"을 기약한다. "하얀 그리움이라도 남겨두어 기도 같은 그 빛깔로 자신의 영혼도 씻어주고 싶은" 소망을 담은 남편의 그리움에 대한 절창이다. "하얀 옷자락/ 나는 붉어 차마 따라갈 수 없는" 회한이 현실이기에 체념하듯 하면서도 애틋한 기다림의 끈을 놓지 않는다. 어느 날 예고 없이 하얀 수의를 단정히 입고 먼 길 훌쩍 떠난 사별은 어쩌면 시인에게 존재에 대한 근원적 물음으로 성찰의 시간을 갖게 해준다.

이팝꽃 눈부신 날, 깔끔하게 살아온 삶 자체가 '하얀 순수' 티 없이 맑고 너무 여린 지순至純한 사랑이었음을 고백하고 있다. 그래서 그는 새 휴대폰을 마련해도 단축키 1번은 비워놓고 가끔씩 현실을 외면하듯, 집착하듯 "당신 대신 새겨둔 그 자리"는 정신

적 지주로 가슴에 담아두었다. 이런 정한情恨은 다른 작품에서도 이내 이어진다. 그이가 떠난 지 강산이 바뀐 세월 어느 날 나란히 걸린 스무 벌의 양복 옷장을 정리하면서 "당신 두 손이 지키고 있는 양복 주머니에 내 손을 넣어 봅니다./ 남아 있는 건 막막한 가슴 뿐, 베란다로 쫓겨난 담배연기가 그리움이 되고 그래서 당신을 보내지 못한다"는 애절함을 역설적으로 "그리움이 짙으면 외로움이 된다는 것을 닫힌 문 앞에서 깨닫습니다"라고 실토한다.

마르지 못한 사월의 기억들
묵혀둔 분냄새로 흩어진다

한 시간 전 그의 전화가
이승의 이별이 되었던 그 사월
벚꽃 화려할수록 수렁으로 더 깊어지고
내 마음 모르는 고것들
밤새 뜯어 아무렇게나 흩어 버리고 싶었지

강산을 접은 세월 또 사월은 오고
유리벽 속살처럼 단단히 잡도리한 가슴
내 사월은 그대로 잔인한데

엘리엇의 시처럼
'죽은 땅 밟아 피운 라일락'
시린 사월 지나면

내 정원은 따뜻하게 피워날까
더 이상 잔인하지 않을 꽃사월로.
　　　　　-〈그 死월, 꽃사월〉 전문-

　우리나라 4월은 가는 곳마다 '벚꽃, 진달래, 라일
락' 등으로 어우러져 꽃이 지천이다. 그런 4월이 지
우 시인에게는 맑은 하늘에 날벼락〔靑天霹靂〕 같은 일
로 생각하기조차 싫은 달이다. 건강하던 남편을 앗
아간 잔인한 죽음의 달이었기 때문이다.
　"한 시간 전 그의 전화가/ 이승의 이별이 되었던
그 사월/ 벚꽃 화려할수록 수렁으로 더 깊어지고/내
마음 모르는 고것들/ 밤새 뜯어 아무렇게나 흩어 버
리고 싶었지"
　그 슬픔은 강산이 허물어진 고통의 세월, 시린 4
월이 지나면 꽃말처럼 첫사랑 순정을 "죽은 땅 밟아
피운 라일락"으로 "더 이상 잔인하지 않을 꽃사월로"
승화시키고자 했던 애절한 사부곡思夫曲이다. 곧 이
정한에서 비롯되는 비애와 상실감을 절제된 언어의
상징과 은유로 곱씹으면서도 사진의부진辭盡意不盡의
경지가 여운으로 다가온다.

　달빛 한 줄로 오시면 좋겠습니다
　별빛 한 줌이어도 좋겠습니다

능소화 담장에 우려낸
꽃색보다 더 달달한 달주
꽃무릇 조곤조곤 속삭임으로 삭인 별주
내 어쭙잖은 술 실력이지만
마당 가득 취하고 싶습니다

능선 저만치에
나를 밀어낸 시간들 불러와
넋두리로 읊으면 간 배인 안주가 되겠지요
으스름 달빛에 양귀비가 황송하게 붉어갑니다
달빛이 거미줄처럼 늘어납니다
끈끈한 그 줄로
우리들의 가을 이야기를 묶어 놓겠습니다.

                      -〈달빛 한 줄로〉 전문-

　위의 시 〈달빛 한 줄로〉는 표면적으로는 로맨틱한
환경을 매개로 유혹이라도 할 듯한 서정시 맛을 살
린 극치이다. '달빛 한 줄로'와 '별빛 한 줌', '달주'와
'별주'의 시어와 "능성 저만치에/ 나를 밀어낸 시간들
불러와/ 넋두리로 읊으면 간 배인 안주가 되겠지요/
으스름 달빛에 양귀비가 붉어갑니다/"의 시행에서
대조와 상징, 은유의 기교를 맛볼 수 있다. 말하자면
시적 화자인 자신을 숙성시키고 '꽃 중의 꽃, 미의
극치인 양귀비가 황송하게 붉어가듯'이라고 아이러니
(irony)하게도 고희를 바라보는 시인의 완숙미를 유

감없이 표출하고 있다. 창호지 위에 먹물 번지듯, 거
미줄처럼 늘어나는 달빛에 끈끈한 줄로 '가을 이야기'
를 풀어내어 샤갈의 수채화나 혹은 중섭의 소처럼
우직하게 완성된 '숨결'로 승화시킨 것이다. 시가 그
렇고 음악도 미술도 곧 예술의 세계가 그렇다. 시인
은 이중섭 화백 100년의 신화 미술전시회를 보고
"신화가 된 묵언 속 은화 묵화들/ 40년을 묻어 보관
한 아내 '남덕'"에게서 시적 화자인 자신의 지난날을
회상하고 동일시하고 있다. 이게 예술성이고 독자와
의 공감, 즉 소통이다. 시인도 "지난날 남편을 만나
살아오면서 나누었던 일백 통의 연서는 반세기를 넘
는 역사가 접혀 있다"고 상기한다.

　　하얀 도화지 끝없이 펼쳐놓는다
　　서울 가는 ktx 차창 밖에다
　　마음 붓 정갈하게 그림을 그린다

　　프리즘에 반사되는 색 모아
　　붓 끝에 찍힌 색은 설렘 가득한 분홍
　　먼저 폭 넓은 치마 입히고
　　볼터치 곱게 하고 날개옷을 입힌다
　　소녀는 눈밭 첫 발자국에 분홍물이 들었다

　　가을 여름 거슬러
　　저만큼 에돌아가면

한 나절도 모자라는 파노라마가 있다
들키고 싶지 않은 그대와의 봄
떨리는 손 맞잡고 오솔길을 걷는다
휘날레 탐스런 축폭
'분홍' 돌림건배주로
취기는 알싸한 용기가 되고
'다 하지 못한 말, 다 할 수 없는 말'
묵혀 둔 첫눈 안부가
휴대폰을 잡는데

차창 밖 도화지에서 잠시 눈을 거두어 보니
지금은 막내 딸 이사 도우러 가는 길
'첫눈 설렘'
민망한 어미가 차창에 비칠거린다.

– 〈민망하다, 첫눈〉 전문–

위의 시는 막내딸 이사 도우미 가던 날 첫눈이 내
리고 그것은 세월을 거슬러 40년 전 낭군과의 첫 만
남, 첫눈이 오버랩(overlap) 되는 연상이 시인의 가
슴에 선명하게 각인돼 있다. "가을 여름 거슬러 저만
큼 에돌아가면/ 한나절도 모자라는 파노라마가 있고
/ 들키고 싶지 않는 그대와의 봄/ 떨리는 손 맞잡고
오솔길을 걷는다."

그래서 시인은 KTX 초고속 열차가 달려가듯 꿈
처럼 지나간 젊은 날로 이미 돌아가서 "분홍빛 돌림
건배주로 취기를 빌어", 즉 "분홍빛 돌림건배주"는 그

이와의 신혼의 꿈과 현실의 괴리에서 오는 고독을
달래기도 하고 취기를 빌어 "다하지 못한 말, 다할
수 없는 말"을 하기 위하여 "묵혀둔 첫눈 안부가 휴
대폰을 잡는"시절로 타임머신을 돌려놓았다. 막내딸
의 이사도우미로 가는 엄마는, 잊고 사는 듯하면서
도 어떤 계기만 되면 홀로 남몰래 지난날의 기억을
반추하는가 하면 첫눈에 황홀해 하는 자신을 발견하
고는 민망할 수밖에요.

숲은 햇살 언어를 읽고 있다
이파리마다 매단 밀어들
녹색 질펀하게 푼 단내 밴 사연들이다
가을 집은 신혼색 묻어나게 꾸밀 겁니다
날 빼 닮은 예쁜 알맹이들 만들 겁니다
하늘과 손가락 걸며 밤하늘에 꿈 묻으며
한낮 신혼을 즐기고 있다

우리 그런 날 있었지
손 잡히면 생각까지 감전 되던 날
밤 하늘 별도 따 주겠다던
그날들 삭여 궂은 날 환한 날 선물로 받았지

칠월 숲, 그 길에서 생각해 본다
한낮은 잠깐 이었어 아주 잠깐 이었어
뭉게구름만 걸쳐 입어도 산수화가 되던 날
젊음 하나만 걸쳐 입어도 꽃이 되었던 날

우리, 지금은 겨울 따윈 생각지 말자
아직은 잎 무성한 그래도 칠월이니까
잎 무성하고픈 오늘이니까.

-〈칠월, 그 길에서〉 전문-

〈칠월, 그 길에서〉를 읽으면 선별된 어휘에서 풋풋한 향기가 넘쳐나는 시구들이다. 시인은 자연 사물의 외관과 속성을 따라 매우 섬세한 반응을 보이면서, 그것들로부터 삶의 의미를 유추해내는 내공 또한 일관되게 보여준다. 이러한 자연 사물을 향한 그녀의 밝은 눈이 이번 시집 여기저기 예민한 섬광처럼 빛을 발하고 있는 것은 퍽 흥미로운 일이다. 시는 자연 사물의 형상화를 인간과 자연이 등가적等價的 관계를 맺고 있음을 입증하면서 인간과 자연의 관계를 지속적으로 보여주는 방향으로 진행되어 왔다고 할 수 있다. 곧 자연 사물의 심미적 관찰과 직관에 의한 수사기교가 그의 시의 핵심이다. 사실성과 실재, 시적 에스프리(esprit)의 구현인 것이다.

그는 이미 사계 중 '겨울'에 해당하는 인생 후반을 즐기고 있다. 그럼에도 위의 시 〈칠월, 그 길에서〉 나이 따위는 아랑곳 하지 않고 "지금은 겨울 따윈 생각지 말자"고 "아직은 잎 무성한 칠월"이라고 절규한다. 해서 풋풋한 칠월은 자연 관조觀照에서 획득한 그의 시 인생인 것이다. 말하자면 그에게 시작詩作은 지

금부터 시작始作인 당찬 각오를 엿볼 수 있다. 숲은
나무 한두 그루로 이룰 수는 없다. 더구나 '녹색 질
펀한' '단내 밴' 숲을 이루기 위해서는 모질고 혹독한
추위의 긴 겨울을 견뎌내고[忍苦] 틔운 싹이 까짓것
자라야 한다. 싹 틔운 그의 봄은 인생의 신혼으로
"손 잡히면 생각까지 감전되는 날"을 되돌려 "밤하늘
의 별도 따 주겠다."던 청순함이 묻어나는 시어들,
그러나 산다는 것은 '궂은 날, 환한 날'의 연속선상에
서 그는 "뭉게구름만 걸쳐 입어도 산수화가 되고 젊
음 하나만 걸쳐 입어도 꽃이 되던" 그런 날을 꿈꾸고
있다. 그리고는 마치 구월 들녘에 선 이삭들처럼 "바
람기 무성한 사춘기 지나 힘든 고독의 날을 건너며
살아온 세월처럼 누렇게 철들고 있다"고 스스로 돌
아보고 자중자애自重自愛했다.

  2. 인생의 텃밭, 자양분이 되어준 가족애

    어머니는 아직껏 참빗을 쓰신다
    노인네 치아처럼 듬성듬성한 빗살에
    오십년 세월이 박혀 있다

    새 빗으로 빗으면
    머릿결은 쉽게 길이 들지만
    깔깔한 말총처럼 마음이 일어선다고

흐트러진 집안마냥 어수선하다고

어머니는 지금도 낡은 참빗을 고집하신다
이빨 빠진 빗이어서
여러 번 손이 가지만
올올의 머릿결에서 어머니는
묵묵히 세월을 빗고 계신다
도란도란 그 세월 조각을 모으는 손끝
엉성한 참빗이 빚어내는 저토록 정갈한 리듬

어머니께 필요한 건 그 빈 틈새였던가
한평생 꽉 찬 인생으로만 살아오신 길
그 어디쯤에 있을 사잇길 같은.

-〈어머니의 참빗〉 전문-

　'어머니의 참빗'은 "오십년 세월이 박힌" 이빨이 빠
진 듬성듬성한 낡은 빗이다. "올올의 머릿결에서" 묵
묵히 세월을 빗고 계시는 어머니의 모습을 그려내는,
한 평생 꽉찬 인생으로만 살아오신 어머니이셨다.
남들보다 몇 배 힘들게 사셨던 세월이지만 아흔 다
섯, 망백望百을 누리신 데에는 어머니만의 비법, 노후
엔 오히려 참빗의 "그 빈틈 새" 같은 여유로움이 필
요했을 것이라 유추하는 시인의 직관이 돋보인다.
어머니와 한 평생을 함께 해온 참빗에는 어머니의
체취가 고스란히 배어 여전히 살아 있는 숨결이다.

어머니에 대한 연민, 그리움이 묻어나는 애틋한 사
모곡思母曲이다.

　간절한 소망을 담고 삼신할미에게 비는 말을 시인
은 "비나리"라 명명했다. "꽃이되고잎이되고말소린향
내나고웃음소린물레로번지고" 이 말보다 더 간절한
소망이 또 있을까. 어머니가 고향 시골 우물가 장독
대의 한 켠에 마련된 제단에 정화수를 떠놓고 치성
으로 비셨던 어머니의 비나리를 그대로 잊지 않고
손자의 백일을 맞아 판박이로 비는 말이다(〈뿌리,
품안에 들이다〉). 내리사랑이란 말이 어쩐지 낯설지
가 않다.

　　아버지는 어머니를 타박하셨다
　　우리 먼저 챙기며 아이들만 끼고 돈다고...

　　아버지는 오늘을 사시고
　　어머니는 내일을 사셨다
　　아버지는 겨울과 맞서라 하고
　　어머니는 겨울을 쫓아 주셨다

　　웃어도 무서웠던 아버지
　　불혹의 세월 앞에서 새삼 깨닫는다
　　어머니 따뜻한 오늘을 주신만큼
　　아버지 단단한 내일을 주셨다는 걸
　　　　　　－〈어버이날 아들이 말한다〉 일부－

위의 시 〈어버이날 아들이 말한다〉에서 자녀들에게 엄격하시고 내유외강하신 아버지를 인자하신 어머니와 대조시킨 시행이 맛깔스럽다. "아버지는 오늘을 사시고/ 어머니는 내일을 사셨다/ 아버지는 겨울과 맞서라 하고 /어머니는 겨울을 쫓아 주셨다/ … 어머니 따뜻한 오늘을 주신만큼/아버지 단단한 내일을 주셨다는 걸/"

어버이날 아버지 무덤 앞에 "하얀 카네이션을 꽂고 녹차향을 곱게 사르는 아들"에게서 어버이에 대한 효심을 읽을 수 있다.

사람은 누구에게나 장단점이 있다. 결코 장점만 가진 게 아니다. 여기서 우리가 한 가지 간과할 수 없는 사실을 알게 된다. 지우 시인은 훌륭한 교육자의 길을 걸어왔고 앞으로 문학인생에 대성할 수 있는 유전인자를 두 어버이에게서 장점만 빼어 닮았다는 것이다.

지우 시인은 시의 소재나 제재가 사람 중심에 있다. 자연, 사물을 대상으로 하되, 그 중심에는 휴머니즘(humanism)에 바탕을 둔다. 자연히 '어머니, 아버지, 남편, 오빠, 올케, 딸, 사위, 아들, 손자 손녀, 외손녀, 외손자' 등 가족이 자연스럽게 등장한다. 시인 지우는 어릴 적부터 혜택을 입은 학교에서 교

육자가 되어 다시 학교로 되돌려주는 삶을 평생 해
온 교육자이었고 또 그렇게 실천하며 살았다. 그랬
기에 정년 후 쓴 작품도 근본에 충실할 수밖에 없는
그 시인을 쉽게 이해하는 것은 당연한 일이다. 교육
의 역할 측면에서도 가정은 학교 이상의 중요한 환
경이다. 조부모가 계신 환경에서 가정교육이 잘된
아이들은 예절이 바르고 심성이 좋은 것도 이런 연
유에서 비롯된다. 따라서 시인이 가족을 올바르게
돌봐 왔고 그 가족은 똘똘 뭉쳐 어머니의 그리움과
외로움을 견뎌내도록 조력자의 역할을 했을 것은 자
명하다.

거제도 다대 어촌체험마을
갯벌 체험장에서 바지락 따라 온 꽃게
소금물 풀어 바가지에 두었더니
그 꽃게 짝지어 물 밖으로 나온다

1학년 외손녀는
아기꽃게 엄마 등에 업혀 간다 하고
3학년 외손자는
꽃게 짝짓기 하는 거라며
동물의 왕국에서 봤다는 풍월을 읊는다.
어느새 어미가 된 딸은
바다 살던 꽃게
뭍 세상 구경하러 간다고
저마다의 나이로 꽃게를 읽는다.

구식 손맛으로
내일이면 꽃게탕 끓일 생각이나 하던 내겐
모두가 새로운 독서법이다.
                    -〈꽃게 읽기〉 전문-

　그는 시인이 사는 법을 가족에게서 배운다. 딸과 외손녀 모두가 시인에게는 멘토(mentor)가 된다. "거제도 다대 어촌체험마을"에서 "소금물 풀어 바가지에 두었더니 그 꽃게 짝지어 물 밖으로" 나오는 것을 보고 "아기 꽃게 엄마 등에 업혀 간다." "꽃게 짝짓기 하는 거", "바다 살던 꽃게 뭍 세상 구경하러 간다."

　외손녀와 외손자 그리고 어느새 중년의 엄마가 된 딸, 저마다의 나이로 꽃게를 읽는다. 이 밖에도 외손녀와 사위 간의 대화에서 '차들이 꼬리 물기를 반복하는 고속도로'를 외손녀가 "아빠, 차들이 기차놀이 하는 거 말이지." 비 온 뒤 맑고 고운 노란 은행잎을 보고는 "할머니 밤에 노란 비가 왔나 봐요." 단풍나무 숲 앞에서는 "여기는 빨간 비가 왔나 보네."라는 천진난만한 네 살배기 아기 말이 그대로 시였다. 왕대밭엔 왕대가 난다더니 시인의 외손녀들인데 어찌 우연에서 비롯되었겠는가.

보름달이 풀어놓은 장생포 밤바다, 40년 전 기억들이
바다 물비늘에 흔들리며 살아난다. 고래가 자랑스런 장생
포 초등학교 햇병아리 선생님 시절 우리는 고래고기 열두
맛처럼 세상이 두루 좋아하는 아이들을 키워야 한다고 고
래고래 소리를 질렀다. 직원체육을 마치면 교무실 책상에
서 곧잘 고래고기 회식을 했다. 그 냄새 역겹다며 멀리
떨어지라고 손사래 치던 대구 출신 여 선생님 4년 임기
마치고 갈 때쯤은 자기 자리에 상을 차리란다. 하루에 고
래 여섯 마리가 잡혔다고 빅뉴스가 전해지던 늦은 유월,
교장선생님은 아이들 서둘러 보내고 직원 모두 고래 견학
을 가자셨다.   일차 고래 견학, 이차 고래 고기 파티로
가슴마다 한 아름 풍선을 달았는데 배에 묶여 바다에 떠
있는 고래를 보는 순간 집채만한 몸피는 숭숭 뚫려 고름
이 나오고 고등어 썩는 냄새가 진동했다. 미처 솥에 들어
가지 못한 고래들이 재판 없이 치루는 이차고문이었다.
그 날 이후 교무실 책상 고래 고기 상차림은 내 자리에서
도 멀어져라 손사래를 쳤다.

장생포 바다 '할매고래고기집' 여전하고 달빛 그대로인
데 '고래 바다 여행선'과 '고래 생태 박물관'은 장생포 주
인인양 버티고 있다. 고래를 사랑하기 위해서란다. 40년
전 고등어 썩는 냄새가 잘 삭혀진 고래 고기 쌉쌀한 향이
되어 '할매고래고기집'으로 발걸음을 유혹한다. 고래를 사
랑한다 하며 핏대 세우면서 고래 고기맛에 길들이는 내
불편한 진실은 또 어쩌란 말인가. 나도 40년 전 대구 그
여 선생님처럼 변해 가는 것일까, 변해야만 하는 것일까.

-〈불편한 진실〉전문-

위의 시 〈불편한 진실〉은 내용과 형식면에서 개성이 있는, 마치 천자 수필을 보는듯한 산문시이다. 현대는 끊임없는 변화를 요구하고 세분화, 전문화, 다양화 사회이다. 변해야 산다. '이 세상에 변하지 않는 것은 아무 것도 없다'는 이 말 외엔 다 변한다. 고로 문학에서도 마찬가지이다. 기존의 스타일에 대한 폭거이다. 운문 형식의 틀을 깨는 파격이고 혁신이다. 이런 유형의 산문시들이 편의상 나눈 각부 끄트머리에 여러 편 보이는 것은 그 만큼 시인의 다양한 역량도 엿볼 수 있다.

바다를 끼고 있는 행정구역의 교사라면 한번쯤 어촌 벽지로 전근을 가게 되고 평생 경험하지 못한 음식도 직장 생활을 통해 맛보게 된다. 위의 시 〈불편한 진실〉의 고래 고기가 그랬다. 처음 발령을 받고 갔던 학교에서 직원 체육 후 회식으로 교무실 책상에 상차림 한 고래 고기는 들어서는 순간 역겨운 냄새에 질리기도 했을 것이다. 사회적 경험이 부족한 풋내기 초임교사라면 더욱 그렇다. 바다가 없는 내륙에서 태어나 자랐던 40년 전 대구에서 온 여교사와 비슷한 지우 시인 자신의 심경을 털어놓은 것이다. 말하자면 우리가 주어진 환경을 견뎌내고 적응해 가는 것이지 사회나 환경이 나에게 맞춰지는 것은 아니다.

3. 근엄한 내강외유의 성격, 문학인생의 영원한 멘토

"사랑해" 그 흔한 말
살면서 끝내 들어보지 못했습니다

모처럼 분위기 잡던 어느 날
"나 당신 꼭꼭 묻어주고 갈 거야"
그 말을 대신한다는 걸 귀하게 알아챘습니다

그러고 보니 나도 그 말 한 번 하지 못 했네요
서둘러 내 대답 듣고 싶었을까요

내가 먼저 당신을 꼭꼭 묻어 드립니다
아닙니다 당신이 제게서 꼭꼭 묻힙니다
이만하면 "사랑했습니다" 그 대답이 될까요
그 어려운 내 대답이 될까요

"사랑해" 그 말은
여전히 우리의 말은 아닌가 봅니다
아직도 아득해서 잡히지 않으니까요.

-〈사랑해, 그 아득한〉 전문-

지우 시인은 현대를 살면서도 부부 두 사람이 다
교육자로서 자신과 상대방에게 얼마나 근엄하게 살
아왔는지를 이 시를 통하여 이해할 수가 있다. 시인
의 말대로 "사랑해, 그 흔한 말/ 살면서 끝내 들어보

지 못했습니다."라고 회상하고 생전에 남편이 남긴
말 "나 당신 꼭 묻어주고 갈 거야" 이것이 진정성 있
는 사랑의 메시지임을 귀하게 깨달았다고 술회하고
있다. 그리고는 "내가 먼저 당신을 꼭꼭 묻어드립니
다/ 아닙니다/ 당신이 제게서 꼭꼭 묻힙니다/"고 시
인은 깨끗하다 못해 "너무 순수"하여 지고지순한 사
랑을 반어법과 확인 의문법으로 설파했다.

> 내 화가 친구는 세상을 그린다고 한다
> 시를 쓰는 나는 세상을 읽는다고 했다
> 그는 빛을 찾아다니고
> 나는 그늘을 찾아다니고
> 빛과 그늘이
> 하나의 지면을 채울 수 있다면
> 양지와 음지가
> 함께 웃을 수 있다면
> 세상은 참 멋진 시화가 되겠다
> 시화 제목은
> '우리나라 대한민국'
>
> ─〈빛과 그늘〉 전문─

이 시집 전편을 통하여 이 시만큼 주제가 다른 것
은 드문 것 같다. 여태껏 보여 온 범주는 '어머니,
오빠 올케, 손자 손녀, 사위 외손녀 그리고 남편' 등
가족 중심이었는데 이 시는 그렇지 않다. '나와 친구'
가 중심에 있고 '동기 동창' 등도 가끔 적시가 된다.

이 시의 제목처럼 우리 사회는 "빛과 그늘"만큼이나 상징적인 양면성을 갖는다. 양지와 음지가 때로는 '빈부'나 '자유 부자유' '갑, 을' 관계가 되기도 한다. 이처럼 상대성을 지닐 때 서로가 상생하는, 조화를 모색해보는 긍정적인 사유를 지향하는 시이다. 여남 줄 남짓한 시이지만 은유와 대조, 열거, 상징 등 수사기교가 매우 흥미롭다. 곧 "화가인 친구는 세상을 그리고 시를 쓰는 나는 세상을 읽"는다고 했다. "그는 빛을 찾아다니고 나는 그늘을 찾"아서 "빛과 그늘이 하나의 지면을 채워 양지와 음지가 함께 웃는 세상"이 멋진 세상, 곧 함께 살만한 나라가 아닐까?

잃어버린 시간이 있었습니다
하늘은 잿빛
입도 귀도 닫혀버린 시간
아니 열고 싶지 않았습니다
물에 빠지면 지푸라기라도 잡는다는데
무엇인가를 잡아야 일어설 것 같은데
잡을 건 아무 데도 아무 것도 없었습니다
지금 이 순간을 인정할 수 없다는
설득되지 않는 현실이 나를 잡고 있을 뿐

'아침을 열며'에 띄웠던 미숙한 세상읽기가
우주의 메신저로
고마운 지푸라기가 되어 주었습니다

덩달아 작가란 이름도 선물 받고
늪에서 허우적거리던 날들이 조금씩 건져졌지요.
감사합니다 감사합니다
오늘 이 인사말을 세상에 정중히 전해 봅니다
끊어질 듯 허술했던 나의 지푸라기
가지런히 펴고 곧게 이으면 튼실한 밧줄이 되겠지요
그 줄 잡고
내려 온 길 다시 귀하게 오르고 싶습니다
나, 이제 뉘의 끄나풀이 되고도 싶으니까요.

-〈지푸라기를 잡다 〉전문-

"잃어버린 시간이 있었습니다./ 하늘은 잿빛/ 입도 귀도 닫혀버린 시간/아니 열고 싶지 않았습니다." 이 첫 연과 둘째 연을 반복해 읽으면 시인이 얼마나 절망적인 삶에 처해 있었는지를 금방 알 수가 있다. 이 시의 제목 "지푸라기"는 지시어 그대로 "지푸라기"는 말할 것도 없고 "불쏘시개, 불씨, 끄나풀, 조력자"가 되기도 한다. 둘째 연에서 "물에 빠지면 지푸라기라도 잡는다는데" 정작 시인 자신에겐 아무것도 잡을 게 없는 절망적인, "설득되지 않는 현실이 나를 잡고 있을 뿐"이라 했다. 전술한 내용이 그러하듯 어느 날 홀연히 떠난 남편에 대한 상념은 불쑥 떠올라 그리움으로 우울증 환자가 되거나 아무것도 할 수 없는 무기력한 사람으로 추락할 뻔 했다. 그나마 다행스럽게도 수필과 시를 쓰는 작가가 된 것은 축복이 아닐 수 없다.

새 삶의 지평을 열어가는 시인의 또 다른 의지를 엿볼 수 있는 작품이다. 그것은 산수(傘壽)를 앞둔 할머니들의 애환과 평생 소망을 이뤄낸 그들의 영원한 스승이 된 것도 이와 무관하지가 않다. 서두에서도 언급하였듯이 정년을 앞두고 펴낸 문집 〈아침을 열며〉는 이미 그가 수필가로서, 시인으로서 대성할 싹수를 검증받은 단서이었고 문학 인생에 튼실한 조력자가 되었다. 그럼에도 "끊어질 듯 허술했던 나의 지푸라기"라고 자신을 낮추고 "가지런히 펴고 곧게 이으면 튼실한 밧줄"이 되어 누군가의 끄나풀로, 멘토가 되어 밝은 세상을 함께 열어가겠다는 의지가 돋보인 작품이다. 지우 시를 읽으면서 그의 시 세계가 갖는 의미를 생각해 보았다. 간디는 "최선의 사람은 언제 어디서나 최선의 가르침을 받아들인다. 그 가르침은 종교나 도덕, 문화에서도 개개인들의 삶에서도 발견된다"고 했다. 지우 시인은 체계적인 일반 언어로서의 랑그(langue)보다는 가장 섬세하게 개성을 드러내는 구체언어인 파롤(parole)을 활용하고 관철시키는 시법(詩法)을 구사하였다. 바로 이러한 과정에서 남긴 자취와 문양(紋樣)이 이 시집을 가득 채웠다는 점이다. 반세기 동안 교단에서 단련된 경륜과 인본주의에 근거한 그의 삶은 문학의 토양을

기름지게 했다. 그의 시는 가족애를 바탕으로 고통
을 견뎌낸 그리움과 한(恨) 나아가 생명에 대한 경
외심敬畏心이고 소리 없는 절규, 속울음이며 그것은
낭만으로의 회귀였다.

　벌써부터 그의 후속 시집이 기대가 되는 것은 필
자만의 단순한 욕심이 아니라 이미 독자들의 검증을
통한 승승장구乘勝長驅할 시인의 역량을 믿기 때문이
다.